中华文明起源与早期发展

考古中国重大项目研究成果展

山东省文物考古研究院　编著

上海古籍出版社

编辑委员会

序言

习近平总书记强调要实施好“中华文明起源与早期发展综合研究”“考古中国”等重大项目，更好认识源远流长、博大精深的中华文明，为弘扬中华优秀传统文化、增强文化自信、建设中华民族现代文明提供坚强支撑。

2020年国家文物局印发《“考古中国”重大项目申报管理指南（2020年—2035年）》，黄河、长江流域重点区域文明化进程研究以及夏文化研究等重大项目率先启动，有力地推动了中华文明起源、形成和早期发展的考古研究与新成果的涌现。

经过万年以来农业定居社会的漫长发展，距今5300年左右，各区域文化相继迸发出灿烂火花，长江中下游、黄河中下游、西辽河流域纷纷出现早期文明，绘就了古国时代最早阶段的瑰丽画卷。又经过约1000年的发展，黄河流域在距今4000年前后成为中华文明延续发展的主舞台，经由社会变革和交流互动，引领了古国时代晚期群峰并峙的时代风骚。距今约3800年，承接龙山时代的历史趋势，以中原二里头遗址为中心的广域王权国家——夏终于诞生，至此万流归宗，统一的多民族国家由此发端。

“中华文明起源与早期发展——考古中国重大项目研究成果展”由国家文物局指导，山东省文化和旅游厅主办，山东省文物考古研究院、山东博物馆承办，全国17家文博单位联合协办。展览聚焦中华文明起源和早期国家诞生的关键阶段、重点地域，涵盖了山东、河南、湖北等8省31处遗址的335件（套）文物，以“文明肇始”“变革融汇”“万流归宗”三个单元，着力展示中华文明从涓涓溪流到江河汇流的发展历程，重点描绘早期中国文明的历史样貌，力求让广大公众了解“考古中国”重大项目的最新进展，更深刻地认识中华文明突出的连续性、创新性、统一性、包容性、和平性，增进公众对我国一万年的文化史、五千多年的文明史、中华文明起源与发展重要意义的理解和认识。

山东省文物考古研究院

孙　波

目录

序　　言 ………………………………………… 1

壹　文明肇始——古国时代的早期画卷 ………………………… 1

一、神王之国 ………………………………………… 2

二、城起两湖 ………………………………………… 46

三、礼出东方 ………………………………………… 80

贰　变革融汇——历史转折的时代先声 ………………………… 121

一、东土城邦 ………………………………………… 122

二、北境石城 ………………………………………… 154

三、中原崛起 ………………………………………… 180

叁　万流归宗——夏商王朝的恢弘气象 ………………………… 225

一、月明星稀 ………………………………………… 226

二、煌煌大商 ………………………………………… 252

三、古蜀华章 ………………………………………… 275

参考文献 ………………………………………… 292

后　　记 ………………………………………… 297

史前的中国，大约距今一万年前开始出现农业，出现聚落社会，生产力逐渐提高，人口不断增长。距今 5300 年左右，社会的发展进入快车道，各地区社会复杂化加剧，包括长江、黄河和西辽河流域在内的广大地区，渐次开始了迈向文明社会的脚步。在文化和资源的不断整合下，最终形成了“高于氏族部落的、稳定的、独立的政治实体”——古国，历史的步伐跨入了古国时代的早期阶段（距今约 5300—4300 年）。不同区域的文明犹如满天星斗、多姿多彩，彼此间又密切交流互动，在中国大地上汇集成巨大的“文明丛体”，共同绘就了中华文明古国时代的早期画卷。

文明肇始——古国时代的早期画卷

神王之国
城起两湖
礼出东方

一 神王之国

长江下游优渥的自然环境、良好的经济基础，为社会的发展奠定了基础。距今约 5300 年时，环太湖流域率先开启了中国大地上的史前文明浪潮，最早发展出了“国家”这一政体。拥有复杂水利系统的良渚古城是史前中国已知结构最复杂的城址，以琮、璧、钺为代表的玉礼器系统，对中国传统文化的核心“礼”产生了深远影响，其反映出的神权、王权结合的社会权力形态和文明模式，是史前中国文明演进的典型代表。

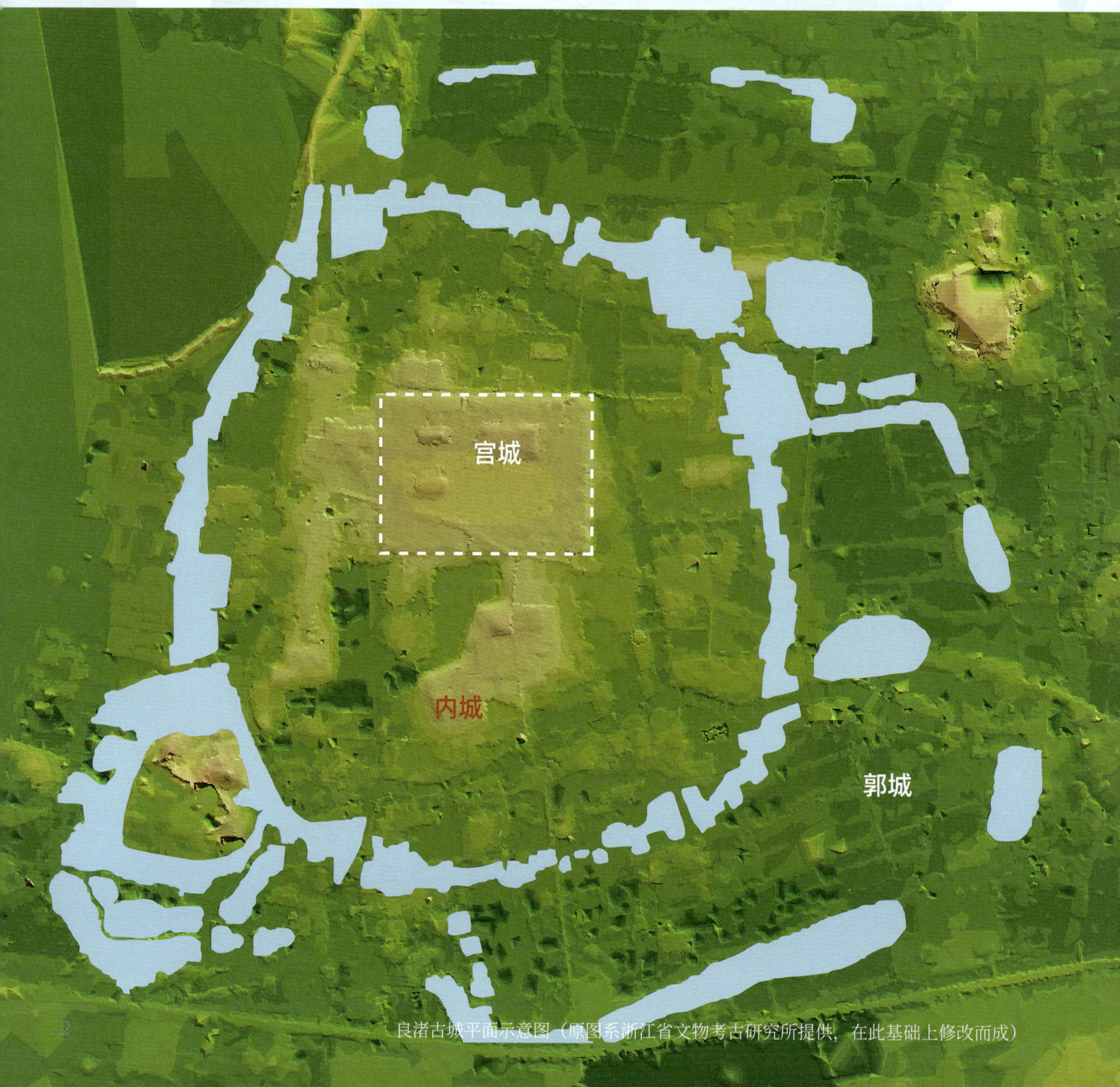

良渚古城平面示意图（原图系浙江省文物考古研究所提供，在此基础上修改而成）

良渚，中华五千年文明史的实证

内城首次发现的手工业作坊区

2018 年以来，良渚古城城址区的工作进入精细化考古新阶段，聚焦于手工业作坊遗存，发现了十余处含有相关遗存的遗址。

玉料

T2438 ② C ： 13
良渚文化
残长 3.28、宽 1.12、厚 0.96 厘米
浙江杭州良渚遗址钟家港南段出土
浙江省文物考古研究所藏

青黄色。长条形，横截面近方形，器表有打磨、切割痕。

玉料

T2438 ② C ： 42
良渚文化
左：长 5.49、宽 2.88、厚 1.82 厘米；右：长 3.01、宽 2.43、厚 1.98 厘米
浙江杭州良渚遗址钟家港南段出土
浙江省文物考古研究所藏

黄褐色，有黑斑。长条形，器表有打磨、切割痕。

玉料

T2438 ② C ： 26
良渚文化
左：长 1.2、宽 0.7 厘米；中：长 7.56、宽 4.22、厚 1.89 厘米；右：长 5.55、宽 1.58、厚 1.21 厘米
浙江杭州良渚遗址钟家港南段出土
浙江省文物考古研究所藏

黄褐色，有黑斑。长条形，器表有打磨痕，一面有切割痕。

玉锥形器坯件

T2438 ② C ： 53
良渚文化
长 2.96、宽 0.75、厚 0.57 厘米
浙江杭州良渚遗址钟家港南段出土
浙江省文物考古研究所藏

黄白色。短锥状，横截面呈长方形，器表可见切削打磨痕迹。

玉锥形器

T2438 ② C ： 76
良渚文化
长 2.43、宽 0.73 厘米
浙江杭州良渚遗址钟家港南段出土
浙江省文物考古研究所藏

黄白色。短锥状，横截面呈长方形，端部有榫，器表可见切削打磨痕迹。

玉锥形器

T2438②C：71
良渚文化
残长3.21、直径0.86厘米
浙江杭州良渚遗址钟家港南段出土
浙江省文物考古研究所藏

灰黄褐色。短锥状，器表可见切削打磨痕迹。

玉钻芯（10件）

良渚文化
长0.82—1.66、直径0.22—0.4厘米
浙江杭州良渚遗址钟家港南段出土
浙江省文物考古研究所藏

形制、大小基本一致。黄白色，有黑斑。圆柱体，有细密旋痕。玉钻芯是玉器钻孔留下的芯。玉器钻孔主要有两种方式，一种为实心钻，即用尖状石器进行钻孔；一种为空心钻，即用竹管加解玉砂蘸水进行钻孔。

石镞毛坯

T3349⑤：25
良渚文化
长7、宽3.2、厚1.3厘米
浙江杭州良渚遗址钟家港遗址钟家村地点出土
浙江省文物考古研究所藏

青灰色。器表可见打磨切削痕迹。

石镞半成品

T3349 ⑤ ：1
良渚文化
长 6、宽 2.1、厚 1.1 厘米
浙江杭州良渚遗址钟家港遗址钟家村地点出土
浙江省文物考古研究所藏

青灰色。截面偏菱形，有铤。

石镞

T3349 ：52
良渚文化
长 6.8、宽 1.6、厚 0.9 厘米
浙江杭州良渚遗址钟家港遗址钟家村地点出土
浙江省文物考古研究所藏

青灰色。柳叶形，截面偏菱形，有铤，器身有使用痕。

石镞

T3349 ⑧ ：108
良渚文化
长 9.8、宽 2.1、厚 1.3 厘米
浙江杭州良渚遗址钟家港遗址钟家村地点出土
浙江省文物考古研究所藏

青灰色。截面呈菱形，长身，短铤，镞尖稍残，器身有使用痕。

石镞

T3349 ⑧： 100
良渚文化
长 9.5、宽 2.5、厚 1.2 厘米
浙江杭州良渚遗址钟家港遗址钟家村地点出土
浙江省文物考古研究所藏

青灰色。截面呈菱形，长身，短铤，铤尖被磨平。

石镞

T3349 ⑦： 69
良渚文化
残长 4.5、宽 1.5、厚 0.8 厘米
浙江杭州良渚遗址钟家港遗址钟家村地点出土
浙江省文物考古研究所藏

青灰色。截面偏菱形。

石镞

T3349 ： 131
良渚文化
长 8.1、宽 2.1、厚 1 厘米
浙江杭州良渚遗址钟家港遗址钟家村地点出土
浙江省文物考古研究所藏

青灰色。截面呈菱形，长身，短铤，铤尖被磨平。

石镞

T3349 ⑧：471
良渚文化
残长 5.1、宽 1.9、厚 0.6 厘米
浙江杭州良渚遗址钟家港遗址钟家村地点出土
浙江省文物考古研究所藏

青灰色。截面呈菱形。

石镞

T3349 ⑧：415
良渚文化
残长 2.2、宽 1.2、厚 0.2 厘米
浙江杭州良渚遗址钟家港遗址钟家村地点出土
浙江省文物考古研究所藏

青灰色。仅残铤，铤尖被磨平。

改制工具

T3349 ⑦：169
良渚文化
长 2.3、宽 1.9、厚 0.5 厘米
浙江杭州良渚遗址钟家港遗址钟家村地点出土
浙江省文物考古研究所藏

青灰色。三边被磨平。

石钺坯件（7 件）

良渚文化
浙江杭州良渚遗址钟家港遗址雉山下地点采集
浙江省文物考古研究所藏

形制、尺寸基本一致。近圆角梯形，中间厚，边缘薄。经初步修整。

2017Z 采：1
长 18.7、宽 14.2、厚 2.9 厘米

2017Z 采：2
长 18.2、宽 15.5、厚 2.5 厘米

2017Z 采：3
长 18.9、宽 13.5、厚 2.3 厘米

2017Z 采：4
长 18.2、宽 11.9、厚 1.64 厘米

2017Z 采：5
长 20.65、宽 14.16、厚 2.95 厘米

2017Z 采：6
长 21.1、宽 14.1、厚 2.66 厘米

2017Z 采：7
长 22.7、宽 13、厚 3.13 厘米

石钺半成品

T3349⑦：152
良渚文化
长2.4、宽1.2、厚0.3厘米
浙江杭州良渚遗址钟家港遗址钟家村地点出土
浙江省文物考古研究所藏

青灰色。平面呈梯形，弧刃，上部有一单面钻孔。

石钺半成品

T3349⑧：292
良渚文化
长1.9、宽1.6、厚0.3厘米
浙江杭州良渚遗址钟家港遗址钟家村地点出土
浙江省文物考古研究所藏

青灰色。平面呈不规则梯形，弧刃。

石钺

T3349F1②：672
良渚文化
长1.8、宽0.9、厚0.1厘米
浙江杭州良渚遗址钟家港遗址钟家村地点出土
浙江省文物考古研究所藏

青灰色。近平刃，器身有较多琢打痕迹，孔为双面琢打而成。

石钺

T3349⑦：147
良渚文化
长 2.2、宽 1.6、厚 0.2 厘米
浙江杭州良渚遗址钟家港遗址钟家村地点出土
浙江省文物考古研究所藏

青灰色。弧刃，器身打磨光滑，孔为双面琢打而成。

石锛

T3349⑦：248
良渚文化
长 2.1、宽 1.7、厚 0.5 厘米
浙江杭州良渚遗址钟家港遗址钟家村地点出土
浙江省文物考古研究所藏

青灰色。有段，偏刃。

石锛

T3349⑧：101
良渚文化
长 3.7、宽 2.4、厚 0.7 厘米
浙江杭州良渚遗址钟家港遗址钟家村地点出土
浙江省文物考古研究所藏

青灰色。有段，偏刃。

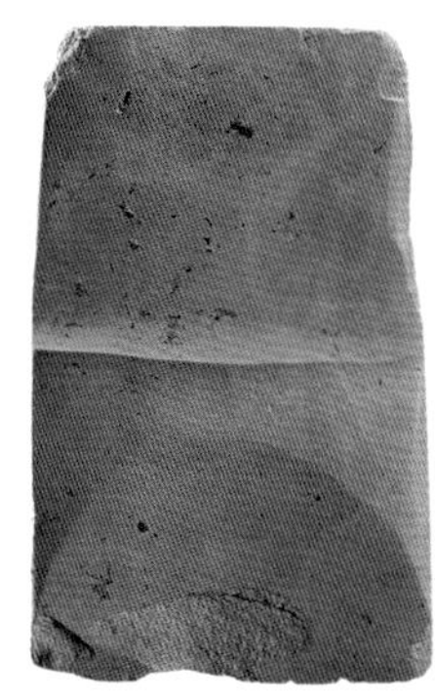

石刀半成品

T3349F1 ①：628
良渚文化
长 3.1、宽 1.3、厚 0.2 厘米
浙江杭州良渚遗址钟家港遗址钟家村地点出土
浙江省文物考古研究所藏

青灰色。平面近三角形，背部较为平直，刃部为弧形，器身打磨光滑。

石刀

T3349 ⑤：35
良渚文化
长 5.3、宽 2.1、厚 0.5 厘米
浙江杭州良渚遗址钟家港遗址钟家村地点出土
浙江省文物考古研究所藏

青灰色。平面近三角形，背部较为平直，刃部为弧形，器身有使用痕。

砺石

T3349 ⑤：21
良渚文化
长 8.5、宽 7、厚 3.2 厘米
浙江杭州良渚遗址钟家港遗址钟家村地点出土
浙江省文物考古研究所藏

黄灰色。不规则形，器身有切削打磨痕迹。

砺石为打磨工具。形状和大小不同的砺石可将玉器上的锯切痕或钻孔痕打磨掉，打磨时可加入颗粒均匀的砂粒，先粗后细，循序渐进。

砺石

T3349 ⑤：32
良渚文化
长 8、宽 6.5、厚 4.1 厘米
浙江杭州良渚遗址钟家港遗址钟家村地点出土
浙江省文物考古研究所藏

黄灰色。不规则形，一面有磨制凹槽。

砺石

T3446 ⑫ ：95
良渚文化
残长 4.1、宽 1.2、厚 1.3 厘米
浙江杭州良渚遗址钟家港遗址钟家村地点出土
浙江省文物考古研究所藏

灰白色。长条形，一端残，器身打磨光滑，一面有凹槽。

砺石

T3446 ⑬ ：221
良渚文化
残长 2.5、宽 1.4、厚 0.9 厘米
浙江杭州良渚遗址钟家港遗址钟家村地点出土
浙江省文物考古研究所藏

青灰色。长条形，一端残，器身打磨光滑。

燧石（5 件）

T2438 台①
良渚文化
浙江杭州良渚遗址钟家港南段出土
浙江省文物考古研究所藏

黑曜岩。横截面近倒三角形，器形扁平，尖部锋利。

姜家山高等级贵族墓地

位于良渚古城莫角山西部，共清理墓葬 17 座，年代属于良渚文化早期晚段至晚期早段，是一处家族墓地。墓地位于姜家山台地的西坡，台地顶部和东部为居住区，显示出居葬合一的特征。

姜家山墓地 M1（浙江省文物考古研究所供图）

玉冠状器

M1 ：2
良渚文化
高 4.1、上端宽 7.4、下端宽 6.2、榫宽 5.4、厚 0.35 厘米
浙江杭州良渚遗址姜家山墓地出土
浙江省文物考古研究所藏

黄白色，夹少量黄色或灰褐色游丝状结晶。扁倒梯形，顶部平直，中部减地做成介字形，中部扁凸，扁凸下两面相对的位置各有一个未钻透的盲孔。两侧下角被斜切。扁凸榫，上有两个小的对钻孔，应为桯钻而成。

玉冠状器，又称玉梳背，是良渚文化玉器中的典型器类，出土时一般位于墓主人头侧。早期冠状器顶端平直或有圆弧形凹缺，榫部与背体间没有明确分界。后期冠状器底部出现扁榫并逐渐变薄变小，1999 年海盐周家浜 M30 中玉背象牙梳的出土，证明其实为镶嵌在梳子上的梳背。

玉三叉形器及玉管

玉三叉形器：M1 ：3-1；玉管：M1 ：3-2
良渚文化
玉三叉形器：最长 5.4、高 5、凸块厚 0.8 厘米；玉管：长 2.2、直径 0.9—1 厘米
浙江杭州良渚遗址姜家山墓地出土
浙江省文物考古研究所藏

玉三叉形器。黄白色，沁蚀严重。总体呈半弧形，三短叉平齐，正面略弧凸，背面做出四个凸块，凸块上均有对钻孔，应为管钻而成。

柱形玉管，与三叉形器配套使用，出土时位于中叉之上。黄白色，局部显绿。矮柱形，上下等径，中部有对钻孔。

三叉形器是男性权贵的冠饰，出土时一般位于墓主人头部，应属冠帽上的饰物。出土时中叉相对处往往有玉管相接，使用时应贯穿在一起。

玉锥形器（7 件）

良渚文化
浙江杭州良渚遗址姜家山墓地出土
浙江省文物考古研究所藏

形制基本一致。长条形，横截面呈圆形，底端四面斜切出扁短榫，榫上对钻穿孔，从钻孔形态推测为桯钻而成。

成组锥形器数量均为奇数，少者 3 件，多者如瑶山 M10 达 11 件。仅发现于男性权贵墓葬。成组锥形器中的 1 件往往较长，出土时呈集束状位于头端部位，锥尖朝上，原先应通过锥体下端的榫卯销在某有机质载体上。

M1 ： 13-1
长 13、最大直径 0.9、
榫长 0.9、孔径 0.3—0.4 厘米

M1 ： 13-2
长 9.3、最大直径 0.8、
榫长 1、孔径 0.3 厘米

M1 ： 13-3
长 9.6、最大直径 0.6、
孔径 0.2—0.25 厘米

M1 ：13-4
长 20、最大直径 0.8、
榫长 1、孔径 0.2 厘米

M1 ：13-5
长 11.2、最大直径 0.6、
孔径 0.25—0.3 厘米

M1 ：13-6
残长 8.3、
最大直径 0.8 厘米

M1 ：13-7
残长 17.4、最大直径 0.8、
榫残长 1、孔径 0.2 厘米

玉璧（9 件）

良渚文化
浙江杭州良渚遗址姜家山墓地出土
浙江省文物考古研究所藏

形制基本一致，近圆形，略经打磨，片状，整体厚薄不均，双面管钻大孔，孔内留有明显台痕，孔壁局部打磨，大部分仍保留管钻圈痕。素面。

玉璧一般被认为是财富的象征，姜家山墓地 M1 共出土玉璧 9 件，其中玉质上佳、制作精细的 M1 ∶ 41 单独放置于墓主脚端，其余玉璧相对集中堆放于墓葬中部。

M1 ∶ 41
直径 14.7—14.9、孔径 4.3—4.4、厚 1.1 厘米

M1 ：23
直径 16.7、孔径 4.3、厚 0.15—1 厘米

M1 ：24
直径 16.4—16.6、孔径 4.3—4.6、厚 1.7—1.8 厘米

M1 ：25
直径 18.2—18.5、复原孔径 4.1—4.5、厚 1—1.2 厘米

M1 ：27
直径 13.3—14.5、孔径 3.8—4、厚 0.6—0.9 厘米

M1 ：29
直径 24—24.4、孔径 4.5、厚 1.7—2.1 厘米

M1 ： 30
直径 15.6—15.9、孔径 4.7—4.9、厚 1—1.1 厘米

M1 ： 35
直径 13.4—14.5、孔径 4.2—4.4、厚 1.1—1.3 厘米

M1 ： 36
直径 14—14.6、孔径 4.2、厚 1.3—1.5 厘米

玉琮

M1 ：26
良渚文化
高 3.6、射径 7.9、孔径 6.4 厘米
眼外圈直径 0.4—0.45、眼内圈直径 0.12、眼角长 0.1 厘米，鼻长 1.6、宽 0.3 厘米
浙江杭州良渚遗址姜家山墓地出土
浙江省文物考古研究所藏

黄白色，局部显绿，夹较多红褐色、灰褐色、墨绿色斑块或游丝状结晶。以四角展开雕琢两节共八组简化神人纹。神人纹上部为两组凹弦纹，每组凹弦纹由片切割而成的三至四道凹弦纹组成。双圈近圆眼，外圈管钻，内圈短线刻画而成，眼两侧各刻画一条短横线表示眼角，部分眼角刻线叠压外眼圈。扁横凸鼻，鼻翼刻画而成，呈方折形螺旋状，顺时针旋转，共三圈半，鼻翼内侧各刻有一道短横线和两道长横线。整器打磨精细，光泽明显，不见切割痕迹。

玉钺

M1 ： 22
良渚文化
长 14.5、顶宽 9、刃宽 9.2、最厚 0.9、孔径 1.9—2.1 厘米
浙江杭州良渚遗址姜家山墓地出土
浙江省文物考古研究所藏

灰绿色，夹少量墨绿色条带和红褐色斑块，层理明显，局部有玉质感。梯形，中部较厚，向外边缘减薄。顶部略斜，顶部一侧角被有意切掉。器体上部有双面管钻孔，可见明显台痕。斜边，弧刃，刃部较锋利，无使用痕迹。器形规整，打磨精细，器表不见制作痕迹。

钺，起源于新石器时代的生产工具石斧，最初也是生产工具，后来作为武器使用。随着生产力的发展和社会分化的出现，钺脱离了实用功能，发展成具有一定象征意义的礼器。玉钺往往被认为是军事统帅的象征、王权的代表。在良渚权贵墓中一般每墓一件，均出土于男性墓中。

石钺（8件）

良渚文化

浙江杭州良渚遗址姜家山墓地出土

浙江省文物考古研究所藏

形制基本一致。圆角梯形，中部较厚，向外边缘减薄，顶部略呈弧形，器体上部有双面管钻孔，斜边，圆角弧刃，刃部无使用痕迹。

M1 ：20

长15.8、顶宽9.6、刃宽12.5、最厚1.6、孔径3.5厘米

M1 ：21

长12、顶宽6、刃宽6.9、最厚1.6、孔径2—2.2厘米

M1 ：31
长 17、顶宽 11、刃宽 13.9、最厚 1.1、孔径 5.2 厘米

M1 ：32
长 15.1、顶宽 8、刃宽 9.2、最厚 1.4、孔径 3—3.1 厘米

M1 ： 33
长 13.4、顶宽 8.3、刃宽 9.7、最厚 1.4、孔径 2.8 厘米

M1 ： 34
长 13.1、顶宽 8.1、刃宽 9.3、最厚 1.1、孔径 3.2—3.3 厘米

M1 ： 37
长 14.9、顶宽 10、刃宽 12、最厚 1、孔径 4.8 厘米

M1 ： 40
长 13.1、顶宽 7、刃宽 8.6、最厚 1.2、孔径 2.6 厘米

长江下游地区其他成果新进展

近年来，浙江湖州中初鸣制玉作坊、上海奉贤柘林、江苏常州寺墩、江苏常州象墩等遗址同样取得了重大发现及研究成果，新发现从生业经济、墓地、建筑等不同角度，还原了长江下游文明的发展模式，对探讨长江下游地区与其他地区的交流互动具有重要意义。

中初鸣制玉作坊遗址群

位于浙江省湖州市德清县雷甸镇杨墩村，是迄今为止长江下游地区发现的良渚文化时期规模最大的制玉作坊遗址群，为史前制玉工艺研究和玉石质文物保护提供了重要的资料和依据。

玉料

G4 ∶ 121
良渚文化
长 2.5、宽 1.8、厚 0.7 厘米
浙江湖州中初鸣遗址保安桥地点出土
浙江省文物考古研究所藏

经发掘单位初步统计与研究，保安桥、王家里地点出土的边角玉料以蛇纹石为主，占比超过 80%。

蛇纹石，白色，带大量黄褐色斑。扁平长方形，四面磨光，一面带三道片切割留下的凹槽，呈“V”形，切割槽分别宽 0.15、深 0.25 厘米，宽 0.2、深 0.3 厘米，宽 0.3、深 0.4 厘米。

玉料

G4 ：276
良渚文化
长 5、宽 0.9、厚 0.9 厘米
浙江湖州中初鸣遗址保安桥地点出土
浙江省文物考古研究所藏

蛇纹石，白色，带少量褐色斑。长条形，横截面呈不规则六边形。

玉料

G4 ：283
良渚文化
长 5.7、宽 1.3、厚 1.2 厘米
浙江湖州中初鸣遗址保安桥地点出土
浙江省文物考古研究所藏

透闪石，绿色，夹褐色斑。横截面呈长方形，一端为弧形，四面磨光，一面有片切割痕迹，表面有斜向摩擦痕。

玉料

ⅠT0301⑧：158
良渚文化
长 7.3、宽 6.5、厚 3.8 厘米
浙江湖州中初鸣遗址保安桥地点出土
浙江省文物考古研究所藏

滑石，深红褐色。横截面呈梯形，三面磨光，其中一面有三道片切割留下的凹槽，切割槽深度不一，较深的两道切割槽呈“U”形。

玉料

G4 ： 185
良渚文化
长 4.1、宽 1.1、高 1.2 厘米
浙江湖州中初鸣遗址保安桥地点出土
浙江省文物考古研究所藏

蛇纹石，白色，夹褐色斑。整体呈长条形，四面加工磨平。

玉料

M1 ： 1
良渚文化
长 5.1、宽 1.5、高 1.3 厘米
浙江湖州中初鸣遗址王家里地点出土
浙江省文物考古研究所藏

蛇纹石，白色。保存较差，表面酥化，横截面呈长方形，一侧有片切割痕迹。

玉料

M1 ： 2
良渚文化
长 8.5、宽 1.8、高 1.1 厘米
浙江湖州中初鸣遗址王家里地点出土
浙江省文物考古研究所藏

蛇纹石，白色。保存较差，表面酥化，横截面呈长方形，中间有一道较浅的片切割痕迹。

玉料

M1 ： 3
良渚文化
长 4、宽 2.7、高 0.8 厘米
浙江湖州中初鸣遗址王家里地点出土
浙江省文物考古研究所藏

蛇纹石，白色。保存较差，表面酥化，横截面呈三角形。

玉料

T1833 ④： 29
良渚文化
长 3.6、宽 2.7、高 1.8 厘米
浙江湖州中初鸣遗址王家里地点出土
浙江省文物考古研究所藏

白色，带少量黄色斑。四面磨光，有切割痕。

玉锥形器

G4 ： 316
良渚文化
长 4.3、直径 0.7—0.9 厘米
浙江湖州中初鸣遗址保安桥地点出土
浙江省文物考古研究所藏

蛇纹石，白色。器形不规整，尖部倾向一侧，横截面呈扁圆形。

玉锥形器

ⅠT0601 ⑧：3
良渚文化
长 5.9、直径 0.8 厘米
浙江湖州中初鸣遗址保安桥地点出土
浙江省文物考古研究所藏

蛇纹石，白色。横截面呈椭圆形，端部有榫。

玉锥形器

T0201 ⑦：30
良渚文化
残长 5.4、直径 0.67—0.71、榫长 0.5 厘米
浙江湖州中初鸣遗址保安桥地点出土
浙江省文物考古研究所藏

蛇纹石，白色。横截面呈椭圆形，端部有榫。

玉锥形器

T1835 ⑨：29
良渚文化
长 7.26、直径 0.64—0.73、榫长 0.08 厘米
浙江湖州中初鸣遗址王家里地点出土
浙江省文物考古研究所藏

蛇纹石，白色。横截面呈椭圆形，端部有榫。

玉坠

G4 ∶ 61
良渚文化
长 3.1、宽 1.5、厚 0.5 厘米
浙江湖州中初鸣遗址保安桥地点出土
浙江省文物考古研究所藏

蛇纹石，白色。平面呈不规则形，器表保留有切割痕迹，不平整，端部有榫，双向桯钻孔。

玉鸟

Ⅳ T0301 ⑥ B ∶ 3
良渚文化
长 1.9、宽 1、厚 0.3 厘米
浙江湖州中初鸣遗址保安桥地点出土
浙江省文物考古研究所藏

蛇纹石，白色。平面形状似鸟，整体较扁平，端部有榫。

玉管

M1 ∶ 6
良渚文化
长 2.8、直径 1.4、孔径 0.5 厘米
浙江湖州中初鸣遗址王家里地点出土
浙江省文物考古研究所藏

圆柱体，打磨不规整，器表有大量斜向摩擦痕。双向对钻孔，孔附近有大量摩擦痕。

砺石

G4 ： 442
良渚文化
长 10.9、宽 3、厚 2.1 厘米
浙江湖州中初鸣遗址保安桥地点出土
浙江省文物考古研究所藏

灰色细砂岩。长条形，一端残，有四个磨面。

砺石

G4 ： 480
良渚文化
长 5.2、宽 3.3、厚 2.6 厘米
浙江湖州中初鸣遗址保安桥地点出土
浙江省文物考古研究所藏

白色泥岩。有两个磨面，其中一面有一道打磨形成的深槽，另一面有三道打磨形成的深槽。

砺石

T1431 台Ⅰ： 4
良渚文化
残长 6.1、宽 0.8 厘米
浙江湖州中初鸣遗址王家里地点出土
浙江省文物考古研究所藏

灰色细砂岩。长条形，一端残，有四个磨面。

燧石（7件）

良渚文化
长1.6—2.8、宽0.8—1.6、厚0.3—0.9厘米
浙江湖州中初鸣遗址保安桥地点出土
浙江省文物考古研究所藏

形制基本一致。横截面均呈三角形，尖部锋利。

石器

M1 ：4
良渚文化
长5.7、宽3.6、厚0.5厘米
浙江湖州中初鸣遗址王家里地点出土
浙江省文物考古研究所藏

泥质灰岩。保存较差，器形难辨。

石钺

M1 ： 8
良渚文化
残长 10.1、刃宽 9.8、最厚处 1 厘米，孔内径 1.1、孔外径 1.3 厘米
浙江湖州中初鸣遗址王家里地点出土
浙江省文物考古研究所藏

泥质灰岩。整体较扁平，上部残，双向管钻孔，双面刃。

石镞（2 件）

良渚文化
浙江湖州中初鸣遗址王家里地点出土
浙江省文物考古研究所藏

材质均为泥质灰岩。横截面呈菱形，铤部磨圆。

M1 ： 10
长 7.5、宽 1.4、厚 0.5 厘米

M1 ： 11
长 5.9、宽 1.5、厚 0.8 厘米

陶杯

M1 ： 5
良渚文化
口径 7.6、腹径 7.6、圈足径 6.6、高 10.8 厘米
浙江湖州中初鸣遗址王家里地点出土
浙江省文物考古研究所藏

泥质红胎黑皮陶。侈口，一端作箕形宽翘流，与翘流相对的一端按贴宽环形把，把上有数十道竖向凹槽，筒形腹微鼓，矮圈足。

带流宽把杯是良渚文化晚期常见器形，宽把的装饰风格纹样不一，有的刻划密集线纹，有的直接堆塑编织泥条。

陶双鼻壶

M1 ： 7
良渚文化
腹径 10.1、底径 9.2、残高 8.5 厘米
浙江湖州中初鸣遗址王家里地点出土
浙江省文物考古研究所藏

泥质灰胎黑皮陶。口、鼻残失，颈部残，扁鼓腹，圈足外撇。

双鼻壶为良渚文化典型器类，其发展脉络十分清晰，此件双鼻壶属于良渚文化晚期偏早阶段。

陶圈足盘

M1 ： 9
良渚文化
口径 22.7、圈足径 15.4、高 7.3 厘米
浙江湖州中初鸣遗址王家里地点出土
浙江省文物考古研究所藏

泥质灰胎黑皮陶。敞口，平折沿，折腹，圈足外撇。上腹部饰两道凹弦纹。

陶豆

M1 ：12
良渚文化
圈足径 14.7、残高 7.7 厘米
浙江湖州中初鸣遗址王家里地点出土
浙江省文物考古研究所藏

泥质灰陶。豆盘残。喇叭形豆柄上饰四道凸弦纹，第一、二道弦纹间为排列密集的斜行戳点纹，第二、三道弦纹间为三行错缝排列的扁圆形未穿透镂孔，第三、四道弦纹间为排列密集的反向斜行戳点纹。

二 城起两湖

长江中游是我国史前城址出现时间最早、延续时间最长，也是发现数量最多的区域之一。距今6100年左右，这里出现了中国最早的城——澧县城头山。距今5100年前后，屈家岭文化完成了两湖地区的统一，向北强势扩张，在给黄河流域带来强大影响的同时，揭开了两湖文明鼎盛的序幕。屈家岭—石家河文化共发现大大小小超20座城址，其中首屈一指的是石家河城址，代表了本地文化、聚落与社会发展的顶峰，促使长江中游成为中华文明起源的重要区域。

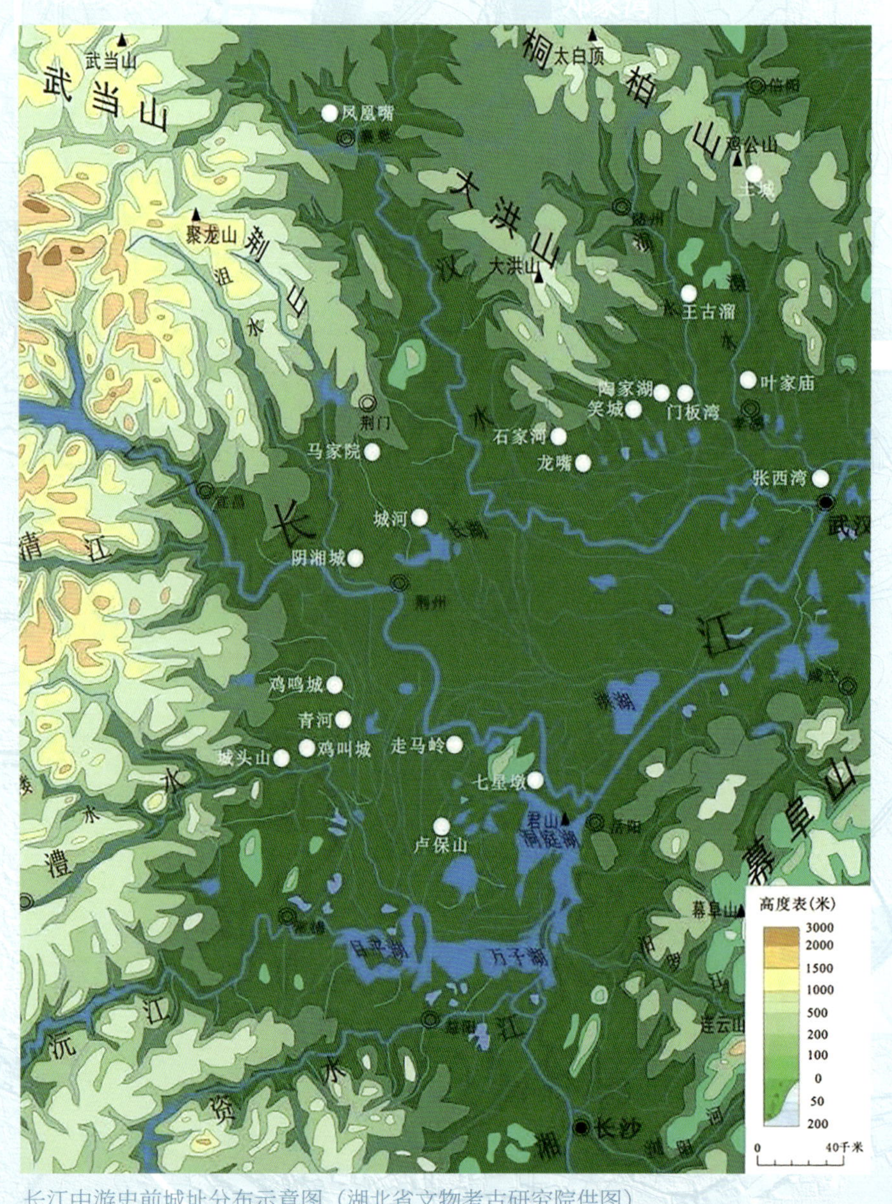

长江中游史前城址分布示意图（湖北省文物考古研究院供图）

长江中游地区的史前城址，主要分布于湖北、湖南省境内。城址的年代大多距今5000—4000年，数量从早到晚逐渐增多，大体呈半月形分布在江汉平原西北部山前向沿江低丘的过渡地带。城址多采用堆筑的方式建筑城垣，城垣外挖壕沟，一般濒临湖泊或河道，与周围自然水道构成规模不等的水利系统，起到运输、给排水、灌溉、防卫等作用。

石家河，长江中游地区史前文明的中心

石家河遗址

位于湖北省天门市石家河镇，城址面积约348.5万平方米，自2014年以来，确认了由内城、城壕（护城河）、外郭城构成的古城，还发现有高等级建筑区、大型祭祀场所、高等级敛玉葬、专业制陶作坊等，初步勾勒出石家河遗址群宏观聚落格局的演变。石家河古城是长江中游地区同时期面积最大、等级最高、延续时间最长的史前古城，其发现进一步佐证了石家河遗址在长江中游文明进程中的主导和引领地位。

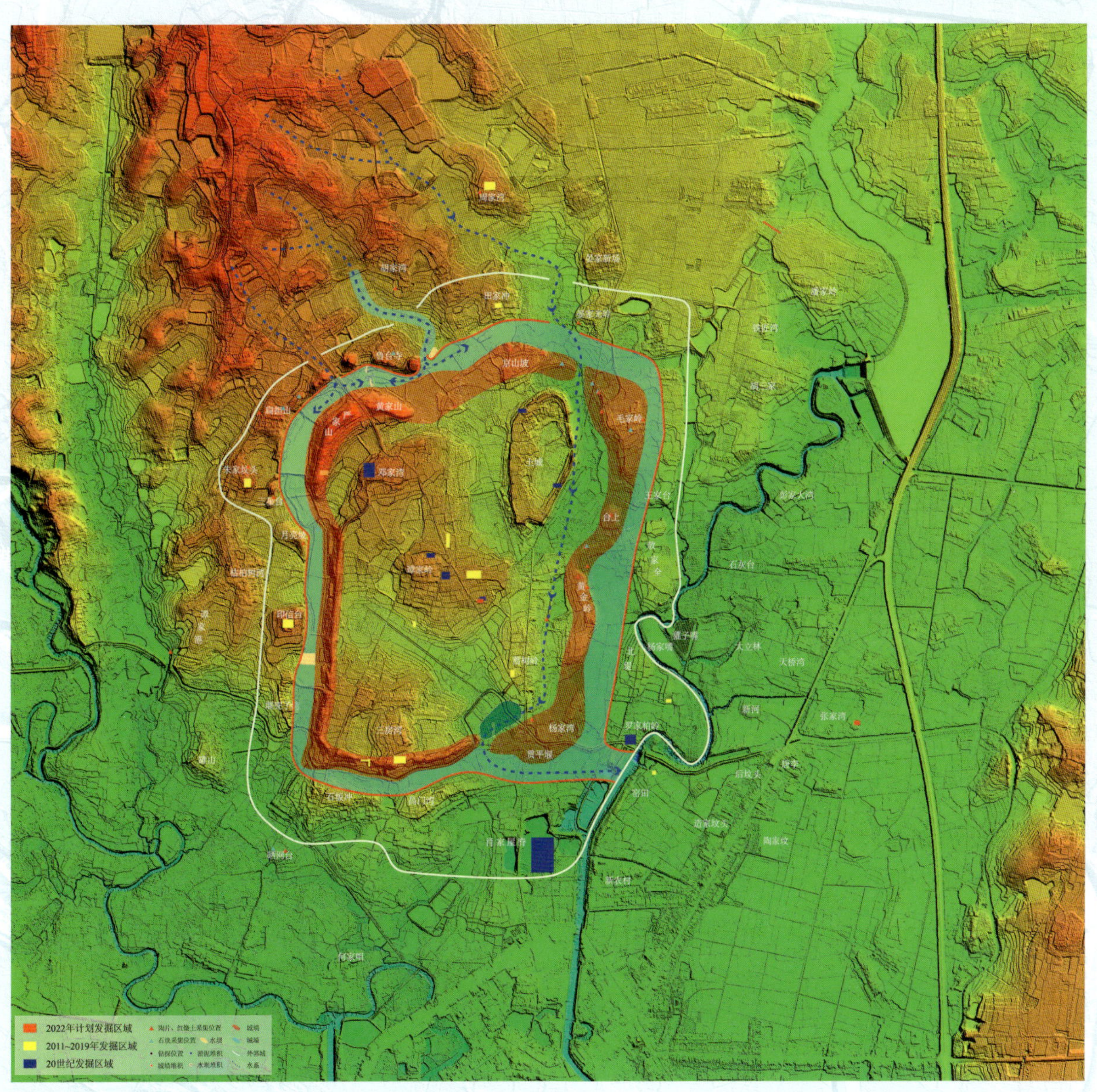

石家河古城高程数字模型图（湖北省文物考古研究院供图）

陶罐形鼎

M11 ： 5
屈家岭文化
口径 7、腹径 9、高 13 厘米
湖北天门石家河遗址出土
湖北省文物考古研究院藏

泥质黑陶。敞口，圆唇，仰折沿，深鼓腹，圜底，锥形足。上腹部饰两道凹弦纹。

陶罐形鼎

JT6183 ⑬ ： 1
屈家岭文化
口径 13、高 11 厘米
湖北天门石家河遗址出土
天门市博物馆藏

泥质白陶。敞口，仰折沿，尖圆唇，鼓腹，圜底，凿形足。下腹部饰一周凸弦纹。

陶釜形鼎

临 20220176
屈家岭文化
口径 9.2、高 10 厘米
湖北天门石家河遗址出土
天门市博物馆藏

泥质黑陶。敞口，近圆唇，仰折沿，垂腹，圜底，凿形足。

陶釜形鼎

JT6384⑦：1
屈家岭文化
口径 7.2、高 8 厘米
湖北天门石家河遗址出土
天门市博物馆藏

泥质黄陶。敞口，仰折沿，尖圆唇，垂腹，圜底，锥形足。

陶壶

临 20220175
屈家岭文化
口径 7.6、腹径 39.5、底径 6.5、高 11.7 厘米
湖北天门石家河遗址出土
天门市博物馆藏

泥质黑陶。直口，尖圆唇，高领，扁鼓腹，矮圈足。圈足饰一周凹弦纹。

陶鬶

TSJT6383④：3
石家河文化
口径 7.5、高 18.7 厘米
湖北天门石家河遗址出土
天门市博物馆藏

泥质红陶。卷叶流，流口朝上，颈部管状，鋬宽厚，尖状袋足。

陶鬶，是石家河文化的典型器物之一。有的学者曾提出石家河文化的时代标志有两条，一是出现拍印方格纹，二是出现陶鬶。但陶鬶并不见于石家河文化的来源——屈家岭文化，而是东方海岱地区的传统器形。

陶壶形器

T1107 ： 4
石家河文化
口径 8.6、腹径 38.6、高 18 厘米
湖北天门石家河遗址邓家湾地点出土
天门市博物馆藏

泥质黄陶。口已残，颈部较粗，扁折腹，底较平，矮圈足。

三房湾遗址——史前的规模化生产

位于石家河古城内西南部，揭露了一片红陶杯废弃堆积以及与制陶相关的陶窑、黄土坑、洗泥池、蓄水缸等遗存，同时还发现数摞陶杯套叠烧结的现象，显示出制陶作坊的典型特征。结合出土的数以万计的红陶杯残件分析，可以确认其为石家河文化晚期至后石家河文化时期以烧制红陶杯为主的大型专业窑场，生产已出现了规模化。

三房湾遗址红陶杯堆积局部（采自国家文物局主编：《考古中国重大项目成果（2018—2020）》，文物出版社，2021 年）

M1 ：38
口径 8.3、底径 3.7、高 9.5 厘米

M1 ：40
口径 8.5、底径 3.1、高 9 厘米

M1 ：41
口径 8、底径 2.8、高 9 厘米

红陶杯（3 件）

石家河文化
湖北天门石家河遗址三房湾地点出土
湖北省文物考古研究院藏

形制、大小基本一致。泥质橙黄陶。薄胎，敞口，尖唇，弧壁，下腹壁较直，底微内凹。

陶罐

M1 ：9
石家河文化
口径 15、底径 7.2、高 17.5 厘米
湖北天门石家河遗址三房湾地点出土
湖北省文物考古研究院藏

泥质黑陶。侈口，圆唇，高领，溜肩，弧腹，平底微内凹。领部以下饰以篮纹。

陶鹰

T3 ③：10
肖家屋脊文化
底径 6.2、高 7.4 厘米
湖北天门石家河遗址三房湾地点出土
湖北省文物考古研究院藏

泥质灰陶。微勾喙，小头，鼓眼，颈身不分，无尾、足。颈、身饰篮纹。

石家河文化发现大量的小型陶塑艺术品，有来自家养的鸡、鸭、猪、狗、羊；有来自渔猎的水中鱼、龟、鳖、蛙，空中飞鸟，山林中的猴、象、熊、狐、貘、豹等。这些陶塑罕见于其他考古学文化，为探讨人类早期艺术作品的特点，以及物质生活和精神生活的相关内涵提供了珍贵资料。

陶指纹人像

T3③：29
肖家屋脊文化
底径 3.1、残高 4.1 厘米
湖北天门石家河遗址三房湾地点出土
湖北省文物考古研究院藏

泥质黄陶。脸近椭圆形，宽额，高鼻，大耳，脸颊凹陷，颈较细，肩以下残，两耳下侧各有指纹痕迹。

人像两耳下侧的指纹，是长江流域首次在陶器上发现人类的指纹印痕，对于了解史前人类提供了非常有利的实物资料。

印信台遗址——长江中游地区规模最大的祭祀场所

位于石家河古城西城壕外，遗址面积约 1.43 万平方米。2015 年以来，揭露了5座石家河文化晚期人工堆筑的黄土台基，在台基周围，发现了瓮棺、扣碗、倒扣缸及多组套缸等特殊遗存。这是一处石家河文化时期的大型祭祀场所，也是迄今为止长江中游地区发现的规模最大的祭祀场所。

印信台套缸遗迹（采自国家文物局主编：《考古中国重大项目成果（2018—2020）》，文物出版社，2021 年）

TC4K1 ： 1-1

TC4K1 ： 1-2

扣碗（2 件）

屈家岭文化
口径 20、底径 7.6、高 10.5 厘米
湖北天门石家河遗址印信台地点出土
湖北省文物考古研究院藏

大小、形制基本一致。泥质黑陶。敞口，圆唇，双腹，圈足较矮。素面。

扣碗，源于油子岭文化，兴盛于屈家岭文化，延续至石家河文化。其功能为“祭器”，推测用于大型祭祀场所、房屋垫基、土地平整等仪式性活动。

陶缸

套缸 4 ： 6
石家河文化
口径 25、底径 24、高 34 厘米
湖北天门石家河遗址印信台地点出土
湖北省文物考古研究院藏

夹砂红陶。敞口，仰折沿，沿面微内弧，方唇，筒形腹，腹壁直，平底。腹部有刻划符号，其下饰三周凹弦纹。

此类缸是石家河文化典型陶器之一，起源于海岱地区大汶口文化，多见于夹砂厚胎缸口底相连而成的套缸遗迹中。其特点是缸的上腹部往往有一个大的刻划图形符号，目前已发现 10 余种刻划符号。

鸡叫城，填补史前建筑史实物例证空白

位于湖南省常德市澧县涔南镇鸡叫城村，城址面积约 15 万平方米。2018 年首次发现了长江流域三重环壕的聚落结构，揭露出体量巨大的稻田耕作遗迹和整齐的水利灌溉系统，明晰了鸡叫城聚落群的演变过程。鸡叫城遗址的发掘揭示出屈家岭—石家河文化时期长江中游文明化进程的基本形态。其中谷糠堆积、密集水网、多重环壕和稻田片区等，体现了当时稻作农业的发达程度，暗示其生产经济已处于领先地位。

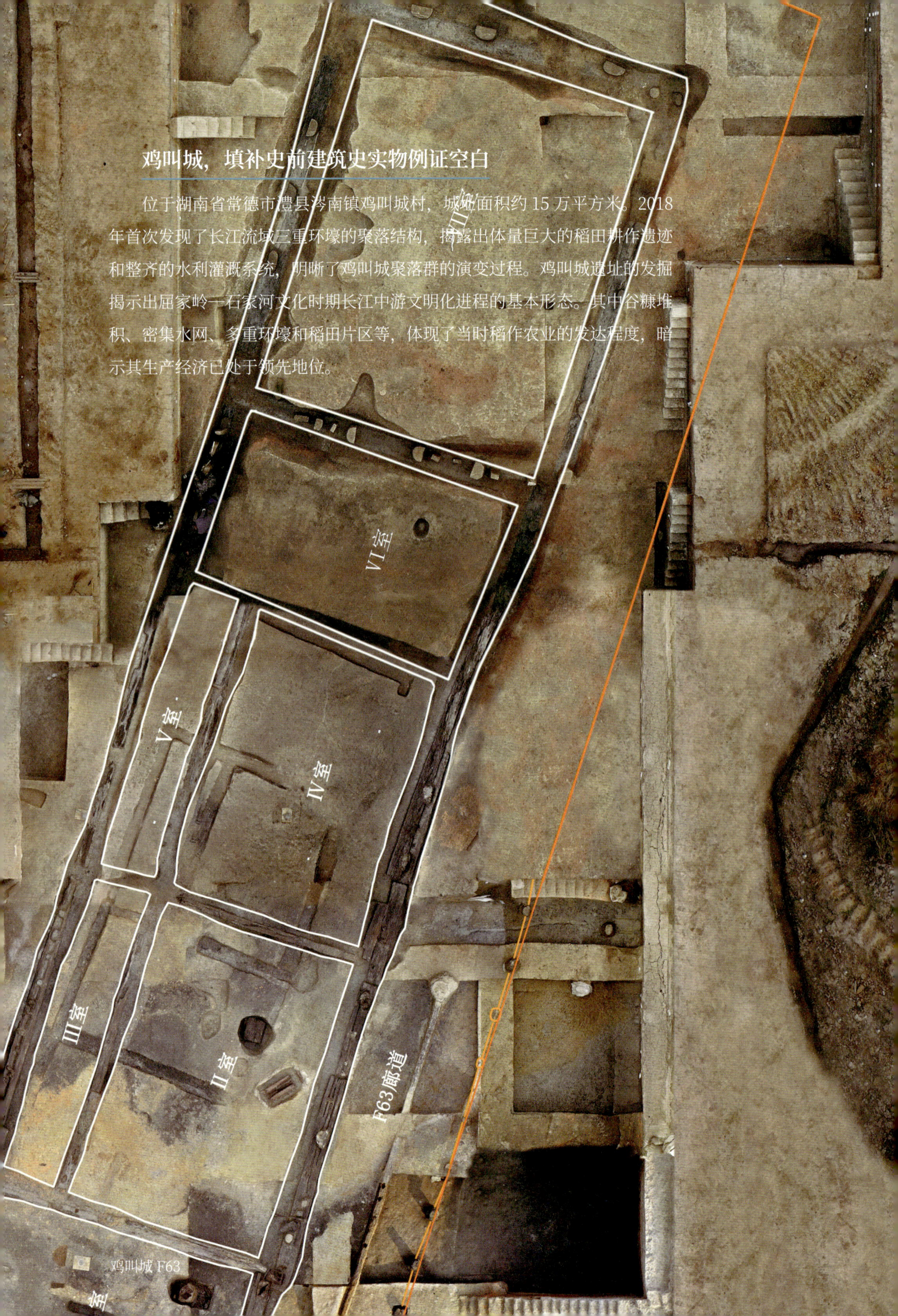

鸡叫城 F63

陶簋

G14④：1
油子岭文化
口径 15.6、底径 8.4、高 10.8 厘米
湖南澧县鸡叫城遗址出土
湖南省文物考古研究院藏

泥质灰衣陶。敞口，圆唇，折沿稍宽，鼓腹，圈足外撇。素面。

陶簋

G14①：2
油子岭文化
口径 14.6、底径 8.8、高 11.5 厘米
湖南澧县鸡叫城遗址出土
湖南省文物考古研究院藏

泥质黑衣陶。敞口，尖唇，折沿稍宽，弧腹，圈足外撇，其上有三个圆形镂孔。颈下刻两周细线纹饰。

陶簋

G14 ①：4
油子岭文化
口径 16.6、底径 8.2、高 9.6 厘米
湖南澧县鸡叫城遗址出土
湖南省文物考古研究院藏

白陶。敞口，圆唇，折沿稍宽，鼓腹，圈足外撇。素面。

陶鼎

G14 ③：1
油子岭文化
口径 15.2、腹径 16.4、高 15.2 厘米
湖南澧县鸡叫城遗址出土
湖南省文物考古研究院藏

泥质灰陶。敞口，尖唇，宽折沿，腹略垂，锥形足。素面。

陶罐

G14 ④：3
油子岭文化
口径 19.8、腹径 32、底径 10.8、高 54.2 厘米
湖南澧县鸡叫城遗址出土
湖南省文物考古研究院藏

泥质灰陶。敞口，方唇，折沿，高领，弧腹，平底。肩部饰两周凸弦纹，下腹部饰一周凸弦纹。

陶罐

G14 ①：3
油子岭文化
底径 12、残高 33.2 厘米
湖南澧县鸡叫城遗址出土
湖南省文物考古研究院藏

泥质灰陶。口残失，鼓腹，平底。肩部饰两周凸弦纹，下腹部饰一周凸弦纹。

陶罐形鼎

H81 ： 3
屈家岭文化
口径 12.5、腹径 13.6、高 13.7 厘米
湖南澧县鸡叫城遗址出土
湖南省文物考古研究院藏

泥质黑陶。敞口，尖圆唇，宽折沿，束颈，鼓腹，圜底，扁长方形足。下腹部饰一周凸弦纹，足部饰刻划纹。

陶双腹豆

H82 ： 1
屈家岭文化
口径 21.4、底径 11.6、高 17.6 厘米
湖南澧县鸡叫城遗址出土
湖南省文物考古研究院藏

泥质灰陶。敞口，尖圆唇，腹壁中部内折形成双腹，喇叭形高圈足，足沿弧拱。圈足饰两组几何形镂孔装饰，几何形图案的中心是呈放射状的柳叶形镂孔，周围再饰三个三角形镂孔，两组几何形图案之间，上饰一个较大圆形镂孔，下饰两个柳叶形镂孔。

双腹器和高圈足器是屈家岭文化的典型陶器。屈家岭文化后期，较多盆形鼎、豆、碗的腹壁仰折，呈双腹状，器身特点相当一致，下部则根据不同用途分别安接三足或圈足，反映出部分陶器的制作已趋向定型化。

高圈足杯

H82 ∶ 3
屈家岭文化
口径 8.8、底径 9.6、高 15.4 厘米
湖南澧县鸡叫城遗址出土
湖南省文物考古研究院藏

泥质灰陶。尖圆唇，腹壁近直，底微圜，喇叭形高圈足。圈足上装饰三个等距分布的三角形镂孔。

长江中游地区其他成果新进展

近年来沙洋城河、华容七星墩等遗址同样有重大发现，推动了长江中游地区史前经济技术、社会权力与意识形态等方面的综合研究，揭示了一批体现长江中游与黄河流域文化交流的遗存，为探索长江中游地区社会复杂化进程提供了新的视角。

七星墩遗址

位于湖南省华容县东山镇东旭村，遗址面积约 25 万平方米。自 2018 年以来，发现了长江中游地区首例“外圆内方”的双城城址。这是湖南规模最大的史前城址，是长江中游文明进程研究的重要个案，其文明演进模式、文化兴衰原因的研究和探讨，将丰富中华文明起源阶段的内涵。

七星墩城址平面布局示意图（湖南省文物考古研究院供图）

陶鼎

G39 ①：11
石家河文化
口径 26.2、高 18.2 厘米
湖南华容七星墩遗址出土
湖南省文物考古研究院藏

夹砂红褐陶。方唇，平折沿，近直腹，圜底，宽扁足。

陶器座

G39 ①：8
石家河文化
口径 20、底径 28.6、高 13 厘米
湖南华容七星墩遗址出土
湖南省文物考古研究院藏

夹砂红褐陶。方唇，仰折沿，喇叭形高圈足。

陶簋

G39 ②：3
石家河文化
口径 30.4、底径 14、高 13.2 厘米
湖南华容七星墩遗址出土
湖南省文物考古研究院藏

泥质黑陶。敞口，卷沿，弧腹，圜底，圈足外撇。圈足饰三周凸弦纹及圆形镂孔。

陶盉（流部）

H143 ③ ： 4
石家河文化
残长 11.8、宽 4.7 厘米
湖南华容七星墩遗址出土
湖南省文物考古研究院藏

仅存流部，兽首为流。

石钺

TS54E06 ⑦ C ： 1
石家河文化
长 21.1、宽 12.4—13.4 厘米
湖南华容七星墩遗址出土
湖南省文物考古研究院藏

近长方形，双面刃，上部有一对钻圆形穿孔。

城河遗址

位于湖北省荆门市沙洋县后港镇，城河及其支流分别流经遗址的西、南及东侧，于遗址东南面汇合。自2012年以来，发现了城垣、人工水系、大型建筑、祭祀遗存、墓地等重要遗迹，从内部聚落形态的角度揭示了屈家岭文化时期社会的发展。城址拦、导水的水利工程，合理控制了水源，反映了史前居民处理与环境关系的科学水平。北城垣外侧王家塝墓地是迄今为止发现的规模最大、保存最完整的屈家岭文化墓地，面积约5000平方米，填补了长江中游地区史前大型墓地的空白，是审视屈家岭文化社会结构的重要样本。

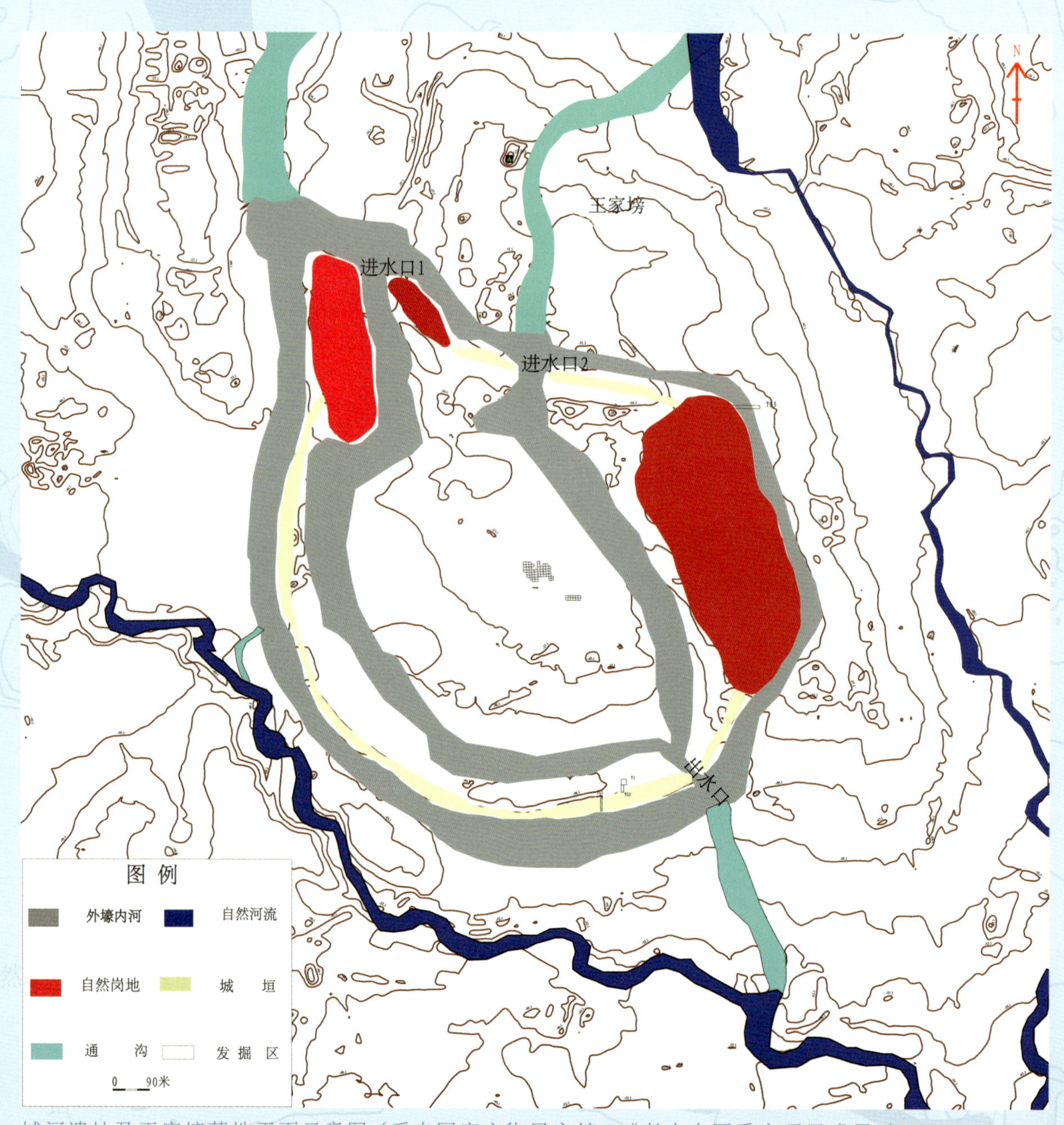

城河遗址及王家塝墓地平面示意图（采自国家文物局主编：《考古中国重大项目成果（2018—2020）》，文物出版社，2021年）

陶折沿小罐

M224 ： 4
屈家岭文化
口径 5.8、底径 4.2、高 6.2 厘米
湖北沙洋城河遗址王家塝墓地出土
中国社会科学院考古研究所藏

泥质灰黑陶，大部分表皮脱落露灰胎。敞口，圆唇，束颈，垂腹，平底微凹。素面。

陶细颈壶

M224 ： 8
屈家岭文化
口径 3.9、底径 6、高 11.6 厘米
湖北沙洋城河遗址王家塝墓地出土
中国社会科学院考古研究所藏

泥质灰陶，大部分表皮脱落露灰黄胎。直口微侈，圆唇，细直颈，鼓腹，平底微凹。素面。

陶壶形鼎

M224 ： 12
屈家岭文化
口径 8.1—8.7、高 24.6—24.8 厘米
湖北沙洋城河遗址王家塝墓地出土
中国社会科学院考古研究所藏

泥质红陶。口微侈，尖圆唇，斜直颈，扁圆腹，圜底，扁长方形高足。素面。

陶杯

M224 ： 19
屈家岭文化
口径 8.2、底径 5.6、高 7.6 厘米
湖北沙洋城河遗址王家塝墓地出土
中国社会科学院考古研究所藏

泥质黑陶。敞口，圆唇，斜直腹，矮圈足，足沿外撇。素面。

陶斜腹盖豆

器盖：M224 ：23；器身：M224 ：22
屈家岭文化
器盖：口径 10.7、纽径 6.9、高 16.6 厘米；器身：口径 10.1、圈足径 9.7、高 15.2 厘米
湖北沙洋城河遗址王家塝墓地出土
中国社会科学院考古研究所藏

泥质灰黑陶。盖纽及柄上半部呈黑色。纽面内凹，柄顶部有箍。柄与盖面相接处有两周不明显的凸棱，纽面饰等距分布的三个圆孔，盖面饰两周各六个圆形小镂孔，孔两两组合且三分壁面，上、下层镂孔交错排列。器身子口，浅盘，上腹壁较直，下腹内收明显，圜底近平，喇叭形高圈足，足沿弧拱，弧拱处内壁折棱明显。腹壁中部有一道凸棱，圈足饰柳叶形、三角形和圆形组成的几何纹镂孔。

陶罐

M224 ： 48
屈家岭文化
口径 15.1、底径 14.1、高 18.6 厘米
湖北沙洋城河遗址王家塝墓地出土
中国社会科学院考古研究所藏

泥质灰陶。子口，鼓腹，平底微凹，矮圈足。口沿下对称分布四个圆形小镂孔，腹壁上部饰三周绹纹。

陶双腹豆

M224 ： 54
屈家岭文化
口径 21.6、圈足径 12.6、高 19.5 厘米
湖北沙洋城河遗址王家塝墓地出土
中国社会科学院考古研究所藏

泥质灰陶。敞口，圆唇，斜弧腹，腹壁中部内折成双腹，圜底，喇叭形高圈足，足沿弧拱，弧拱处内壁折棱明显。腹下部饰一周凸弦纹，圈足壁一周分布四组圆形小镂孔，每组两孔上下排列，相邻两组圆孔间饰以柳叶形镂孔，环绕圆孔呈放射状或围绕式分布。

玉钺

M155 ： 1
屈家岭文化
长 22—25、顶宽 10.8、刃宽 13、厚 0.4—0.8、孔径 2.3 厘米
湖北沙洋城河遗址王家塝墓地出土
中国社会科学院考古研究所藏

青色，色泽光润。通体磨制光滑。体薄，略呈梯形。顶面较平，略残损，刃端弧，刃缘锐利。近顶端中部对钻一个圆形穿孔。钺身上部的一面及圆孔内残存朱砂痕。

在长江中游地区，钺最早见于两湖平原的边缘地带，大溪文化三期以后，才扩散至全境大多数地区，到屈家岭文化时期有所减少，至石家河文化时期分布区域和数量骤然降低。在此过程中，钺从单纯的劈砍工具，发展成为兼备礼器性质的特殊器物。

石钺

M195 ： 23
屈家岭文化
长 14.5、宽 12 厘米
湖北沙洋城河遗址王家塝墓地出土
中国社会科学院考古研究所藏

黄色。体薄，略呈梯形，顶面较平，刃端弧，刃缘锐利，略残损，近顶端中部对钻一个圆形穿孔。

屈家岭文化的石质工具主要有斧、锛、铲、镰、刀、凿、钻、网坠、镞、盘状器、球、砺石及笄等，此外还有武器钺，其中“风”字形钺、小型锛、笄体现了其石器制作工艺的最高水平。

管涔山
桑干河
恒山
五台山
拒马河
定河
潮白新
清河
府河
唐河
大清河
子牙河
磁河
滹沱河
大沙河
系舟山
汾
潇河
磁窑河
吕
太岳山
太行山
清漳河
浊漳河
槐沙河
泜河
沙河
滏阳河
洺河
漳河
安阳河
滏阳河
滏阳新河
清凉江
漳卫新河
马颊河
徒骇河
京杭运河
小
孝妇河
巨野河
鲁山
泰山
泗河
蒙山
尼山
荆河
薛河
新万福河
东鱼河
微山湖
骆马湖
濉河
沁河
丹河
卫河
黄河
王屋山
邙山
山
嵩山
颍河
贾鲁河
惠济河
涡河
沙河
茨河
涡河
外方山
牛山

三 礼出东方

海岱地区是三代礼制的重要发祥地。大汶口文化早期开启了社会复杂化进程，中晚期出现了大型城址，以棺椁制度和器用制度为代表的丧葬和生活礼仪初步形成，此时的海岱地区开启了扩张进程，其西进中原的态势一直持续到龙山文化时期，促进了中原地区的文明化进程，并逐渐融入华夏文明之中。在中华文明起源与早期发展进程中，海岱地区发挥了重要作用。

海岱地区地理形势示意图

大城崛起

大汶口文化中晚期（距今5300—4300年）的海岱地区已出现数量较多的城址，这些城址大多始筑于该期，一直沿用至龙山时代或更晚时期。近年来，在鲁北地区发现的焦家古城是目前海岱地区年代最早的城址，而在鲁南地区发现的岗上古城则是该时期面积最大的城址，亦可称雄于同时期的黄河流域。这些城址的崛起为龙山时代海岱地区诸城林立的盛况奠定了基础。

海岱地区年代最早的城址——焦家古城

位于山东省济南市章丘区龙山街道办事处焦家村西。该遗址的发现填补了鲁中北地区大汶口文化中晚期阶段居住形态的空白，同时其具有鲁北特色的埋葬制度，为深入研究中国早期社会的礼仪、宗教、思想和艺术等提供了极为难得的实物资料。

带盖陶罐

M91 ∶ 25
大汶口文化
器盖：口径7、纽径2.5、高2.4、壁厚0.2—0.9厘米
器身：口径5.6、最大腹径9.7、底径3.9、高7.2、壁厚0.2—0.7厘米
山东章丘焦家遗址出土
山东大学藏

磨光黑陶。器盖覆碟形，以子母口与罐身相扣合，上有圆形纽。器身敛口，鼓腹，小平底，内壁有三周凸棱，口沿外侧均匀分布三个钩状凸纽。内壁轮旋痕迹明显，通体素面磨光。海岱地区的黑陶在大汶口文化早期已经开始出现，但此时的黑陶数量较少，质量也不稳定。至大汶口文化中晚期，随着快轮拉坯成型技术的出现，陶器的规整程度明显提高，同时由于烧制技术的改进，通过充分渗碳以烧制黑陶的技术日渐成熟，黑陶的数量进一步增多，质量也得到较大提升。

白陶背壶

M198 ： 15
大汶口文化
口径 11.2、腹径 17.2、底径 8.4、高 23.5 厘米
山东章丘焦家遗址出土
山东大学藏

泥质白陶。敞口，尖圆唇，高领，圆肩，肩部附两桥形耳，另一侧有一个三角形纽，下腹弧斜收，平底。通体磨光。

背壶是大汶口文化的指征性器类，不见于其他考古学文化。最初背壶用作水器，出现于大汶口文化中期，一直沿用至大汶口文化末期；作为明器的背壶，则在部分遗址中持续使用到龙山文化早期。

灰陶大口尊

M91 ： 16-1
大汶口文化
口径 28.2—28.9、最大腹径 25.3、底径 9.5、高 34.4—35.2、壁厚 0.4—1.6 厘米
山东章丘焦家遗址出土
山东大学藏

泥质灰陶。敞口，方唇，折沿，上腹较直，下腹内收，平底。腹部上下各饰两周凸弦纹。大口尊最初是作为酿酒器具出现的，由于酒的珍贵性及其用于祭祀的神秘性，大口尊也带有了浓厚的礼器神秘色彩。随着社会生产力的发展，酒的产量提高，饮酒不再是上层社会的专利。社会上层为了巩固自身地位，逐渐强化了大口尊的功能，到大汶口文化中晚期，大口尊成为重要的礼器，频繁出现在墓葬和祭祀遗址中。

大汶口文化面积最大的城址——岗上古城

位于山东省滕州市东沙河街道陈岗村东部漷河两岸。该遗址的发掘，对于个体聚落形态研究和区域聚落形态研究的结合，进而考察其背后的社会组织结构及变迁意义重大，为海岱地区古代社会文明化进程研究奠定了重要基础。

陶鬶

NM3 ：5
大汶口文化
最大腹径 16、高 31 厘米
山东滕州岗上遗址出土
山东省文物考古研究院藏

泥质红褐陶。高直流，宽带形把手，圆腹，锥形足。素面。

陶鬶是大汶口文化的典型器物之一，产生于大汶口文化早中期，沿用至龙山文化末期。起源于海岱地区，并随着文化的传播而流布于更广阔的区域。

陶镂孔豆

NM3 ： 10
大汶口文化
口径 16.5、高 24 厘米
山东滕州岗上遗址出土
山东省文物考古研究院藏

泥质红陶。敞口，尖圆唇，折沿，豆盘略浅，斜腹，喇叭形圈足。圈足中部饰五周圆圈及三角镂孔。

陶钵

NM11 ： 21
大汶口文化
口径 19、高 11.5 厘米
山东滕州岗上遗址出土
山东省文物考古研究院藏

泥质红陶。敞口，尖圆唇，斜弧腹，平底，口沿下单把手微翘。素面。

陶壶

NM16 ： 13
大汶口文化
口径 9.5、高 18 厘米
山东滕州岗上遗址出土
山东省文物考古研究院藏

泥质黑陶。侈口，圆唇，高领，溜肩，鼓腹，下腹内收，平底。通体磨光。

陶匜

NM23 ： 9
大汶口文化
口径 41、高 19 厘米
山东滕州岗上遗址出土
山东省文物考古研究院藏

泥质红陶。敛口，浅腹斜收，左右两侧有两鸡冠形鋬手，平底。素面。

大口尊

NM29 ：9
大汶口文化
口径 33、高 40.5 厘米
山东滕州岗上遗址出土
山东省文物考古研究院藏

泥质红陶。侈口，圆唇，上腹较直，下腹内收，圜底。上腹饰一周凹弦纹、菱格纹，局部模糊不清。

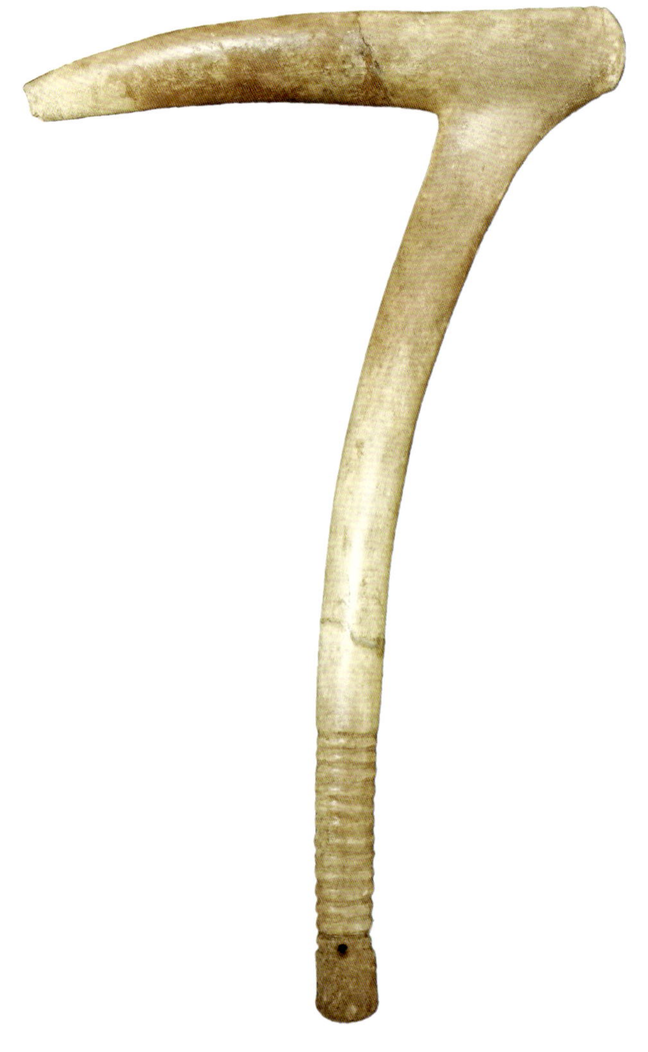

鹿角斤形器

NM13 ： 94
大汶口文化
长约 49 厘米
山东滕州岗上遗址出土
山东省文物考古研究院藏

骨制。通体打磨，尖略残，柄部饰十三周凸棱状纹，末端近弦纹处穿孔。

北辛文化时期已有发现，原为农业生产工具，用于松土、播种，后演变为礼器。岗上遗址发现的斤形器出土于大汶口文化中期大墓，打磨精细，其形制同早年发现的大口尊上的锄形刻符如出一辙。

鹿角叉形杖、角镦

鹿角叉形杖：NM13 ∶ 18；角镦：NM13 ∶ D26
大汶口文化
鹿角叉形杖：长 25 厘米；角镦：长 5.2、宽 1 厘米
山东滕州岗上遗址出土
山东省文物考古研究院藏

骨制。鹿角状，镦呈筒状，中部对穿孔，置有骨销。

骨杖（叉）形器，以往不见于其他大汶口文化遗址，与良渚文化发现的象牙权杖较为相似，可能是古代上层统治者用来彰显自身权力及地位的一种长型棍杖类器物。

礼制肇端

棺椁制度

史前棺椁的产生、发展和棺椁制度的形成经历了一个漫长的过程。作为主流的木质葬具，产生和初步发展于距今6000年左右，随着社会复杂化进程的推进，距今5300—4300年的大汶口文化中晚期，岗上遗址出现了突出器物箱的葬具结构，以焦家遗址为代表的鲁北地区出现了棺椁俱全的葬具形式，二者共同构成了中国最早的棺椁制度，是棺椁制度的重要源头。

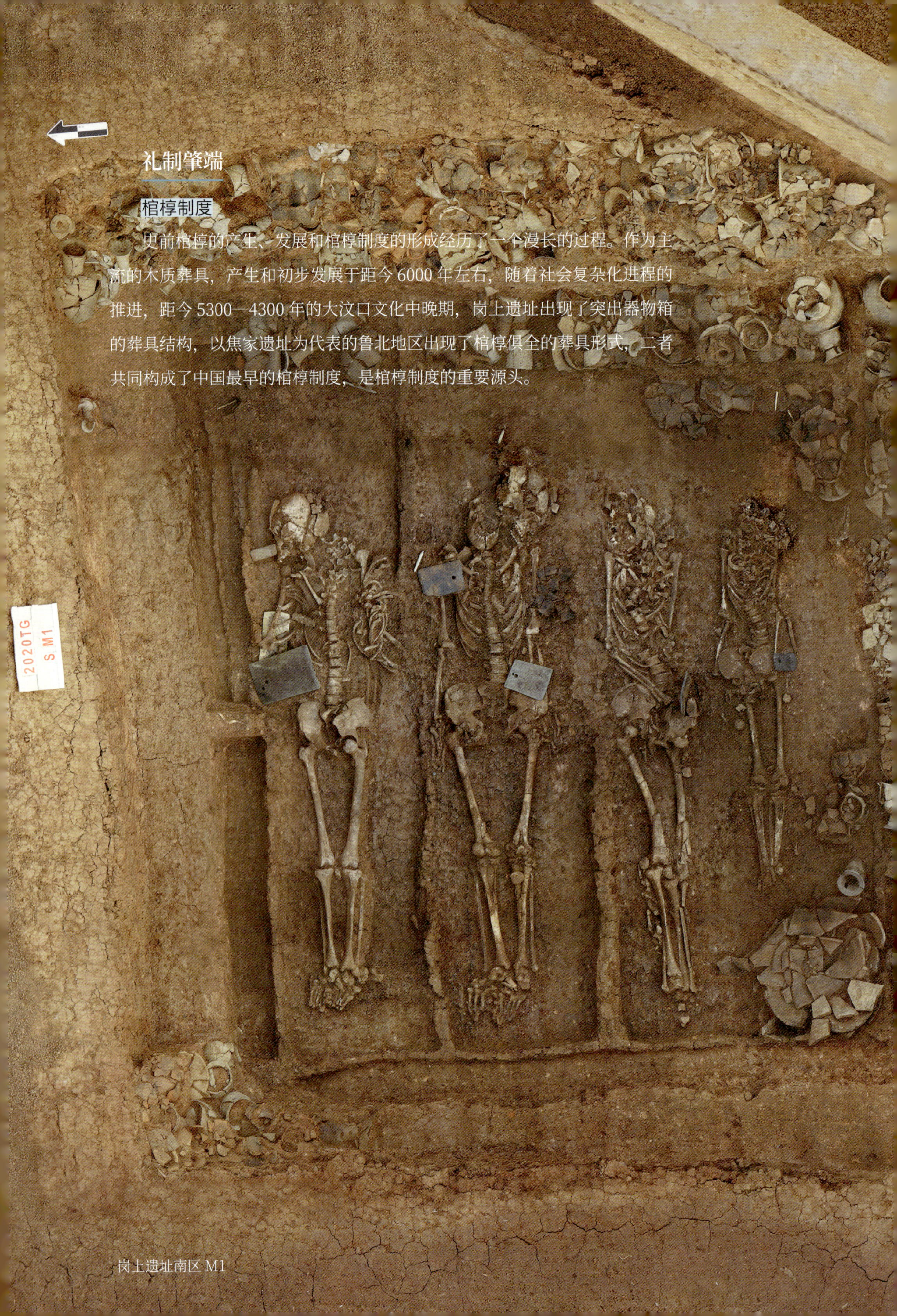

2020TG
S M1

岗上遗址南区 M1

焦家遗址 M152（山东大学供图）

陶圈足杯

NM14 ： 11
大汶口文化
口径 11.2、底径 8.4、高 11.5 厘米
山东滕州岗上遗址出土
山东省文物考古研究院藏

泥质灰陶。微侈口，圆唇，折沿，弧腹略鼓，喇叭形圈足。圈足饰横排三个圆形镂孔。

陶鼓

NM14 ： 88
大汶口文化
口径约 17、最大腹径 19.6、底径 9.6、通高 29 厘米
山东滕州岗上遗址出土
山东省文物考古研究院藏

夹砂红褐陶。长筒深腹，大口微敛，口沿下外侧一周贴塑十一个圆锥形革丁，腹中、下部各对穿两个小圆孔，小平底，底部中心一孔，有四个凿形矮足。

陶鼓自北辛文化产生，兼具指挥作战、祭祀、娱乐等功能，更是权力与财富的象征。由鼓匡和鼓革构成，边缘有乳钉，起紧绷鼓革的作用，器腹近底部镂出圆孔，以更好地发出声音。

东土风俗

大汶口文化中存在一些特殊的风俗，如手握獐牙、枕骨变形、拔牙、口含小球等，骨雕筒、龟甲器也是大汶口文化的特色随葬品。大量随葬猪的下颌骨也同多重棺椁、成套陶礼器、玉器等一起形成礼制的萌芽。

彩陶龟甲器（内置骨锥 2 枚）

NM26 ： 1
大汶口文化
长 17.5、宽 16.5、高 8.5 厘米
山东滕州岗上遗址出土
山东省文物考古研究院藏

龟甲状，背甲和腹甲合成，背甲一端钻孔，两排十个，对应腹甲钻孔，一排四个，内置骨锥两枚。

龟甲器在出土时，多内盛骨锥、骨针和小石子。拥有龟甲器的墓主人，绝大多数为成年男性。龟甲器在墓中的位置，多处于死者腰部及周围。除龟甲器之外，在大汶口文化中期阶段还发现一些仿龟陶器，属于龟灵崇拜。

嵌绿松石象牙雕筒

NM15 ： 5
大汶口文化
直径 5、高 7 厘米
山东滕州岗上遗址出土
山东省文物考古研究院藏

象牙制。圆筒形，正面四浅窝镶绿松石呈十字状分布，背部矩形分布四孔，两侧有减地浮雕状凸起。

骨牙雕筒产生于大汶口文化早期阶段，盛行于中、晚期阶段。均出自墓葬之中，多随葬于大、中型墓葬中。骨牙雕筒在墓葬中的陈放位置比较固定，多数在墓主腰部及周围，少数位于墓主头部上方，其拥有者绝大多数为成年男性，女性和儿童甚少，标示着墓主的身份和地位。

藏礼于器

相较于同时期诸文化，以岗上遗址和焦家遗址为代表的大汶口文化不仅发现了标示墓主人身份地位的棺椁和玉石礼器，还发现了成套的日用陶器。这说明表现墓主日常生活中礼仪规制的器用制度业已形成，并与三代礼制一脉相承，明确了海岱地区是礼制的主要起源地。

四人大墓 SM1 部分出土陶器（约占随葬陶器总数的 1/6）

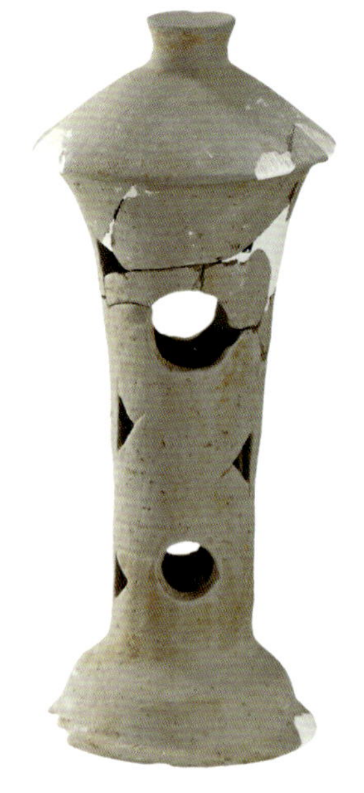

带盖高柄杯

器盖：SM1 ：132；器身：SM1 ：131
大汶口文化
器盖：口径 5.8、纽径 1.2、高 2.6 厘米
器身：口径 5.4、底径 5.4、高 11.4 厘米
山东滕州岗上遗址出土
山东省文物考古研究院藏

泥质灰陶。覆碟形盖，实心柱状纽。杯方圆唇，折沿，沿面微内凹，喇叭形柄。柄上、下部分别饰三周半刻划纹、四周刻划纹，并饰六列镂孔。

高柄杯

SM1 ：281
大汶口文化
口径 7、底径 6.6、高 14.8 厘米
山东滕州岗上遗址出土
山东省文物考古研究院藏

泥质灰陶。尖圆唇，折沿，沿面微内凹，喇叭形柄。柄部有刮抹痕迹，并饰三列各四个圆形镂孔。

带盖觚形杯

SM2 ： 39
大汶口文化
器盖：高 7 厘米；器身：高 24 厘米
山东滕州岗上遗址出土
山东省文物考古研究院藏

泥质灰陶。覆杯形盖，喇叭形捉手，中空。杯体敞口，圆唇，矮圈足。杯上、下部各饰两周螺旋上升的附加堆纹。

带盖觚形杯

SM2 ： 94
大汶口文化
器盖：口径 8.6—8.8、纽径 4.2、高 5.5—5.7 厘米
器身：口径 9.8—9.9、底径 6.5—6.6、高 23.5 厘米
山东滕州岗上遗址出土
山东省文物考古研究院藏

泥质灰陶。覆杯形盖，喇叭形捉手。杯体敞口，圆唇，高圈足。杯上部饰两周凸弦纹。

陶响器（一套 10 件）

大汶口文化
山东滕州岗上遗址出土
山东省文物考古研究院藏

造型、材质基本一致，大小略有不同。

泥质灰陶。方唇，浅盘，下部略呈喇叭形圈足状，平底。唇部正中、近底部及底部均饰一周凹弦纹，表面有刮抹痕。内有数量不等的陶球，摇之作响。

陶响器多用陶土捏塑成型，整体呈圆形或动物形，中空，内装陶弹丸、石子或砂粒，摇动时发出沙沙响声，故名。陶响器在我国四川、湖北、湖南、安徽、江苏、河南、甘肃等省区均有发现，特别是在长江中下游使用比较普遍。

SM1 ： 112
口径 6.6—6.8、底径 6.5—6.6、
高 9.5—9.7 厘米

SM1 ： 143
口径 6.5—6.6、底径 6.3—6.5、
高 9.9—10 厘米

SM1 ： 152
口径 6.5—6.6、底径 6.6—6.8、
高 11.6—11.7 厘米

SM1 ： 248
口径 6.7—6.9、底径 6.2—6.3、
高 11.4—11.6 厘米

SM1 ： 251
口径 6.8—6.9、底径 6.7—6.9、
高 11—11.2 厘米

SM1 ： 256
口径 6.3—6.5、底径 5.9—6.1、
高 9—9.2 厘米

SM1 ： 260
口径 6.8—7、底径 5.9—6.1、
高 9.2—9.6 厘米

SM1 ： 264
口径 6.4—6.6、底径 5.8—5.9、
高 9 厘米

SM1 ： 278
口径 6.6—6.7、底径 6.8—7、
高 11.3—11.4 厘米

SM1 ： 279
口径 6.4—6.5、底径 6.8—7.2、
高 11—11.3 厘米

制陶手工业的发展

距今5000年前后,海岱地区陶器生产水平迅速提高,彩陶、黑陶、磨光红陶、白陶争妍斗奇，镂雕、动物造型等装饰手法多变，产量巨大，展现出了高超的制作工艺和烧制技术。

焦家遗址 M91 出土陶器（山东大学供图）

红陶鬶

M57 ：21
大汶口文化
高 20.5、宽 21.4 厘米
山东章丘焦家遗址出土
山东大学藏

夹细砂云母红陶。喇叭口，前端有短流前伸，细颈偏于上腹部，扁圆腹，腹顶部偏后位置有一半环状圆形泥条把手，三凿形足。颈下有一小泥突，中腹部有一周凸棱。通体磨光。

白陶杯

M92 ： 14
大汶口文化
口径 11—11.9、底径 9.2、高 11.2 厘米
山东章丘焦家遗址出土
山东大学藏

泥质白陶。筒形，尖唇，敞口，斜直腹，腹一侧附一环状把手，平底。素面。轮制。

白陶在海岱地区史前文化中出现较晚，出现于大汶口文化晚期早段，流行于大汶口文化晚期到龙山文化时期，到岳石文化时期已消失不见。白陶多出现于等级较高的遗址，同一遗址内，等级较高的大型墓葬使用白陶较多，等级较低的中型墓葬随葬白陶较少，小型墓葬没有白陶。

彩陶盉

NM25 ： 20
大汶口文化
口径 13.5、高 20.5 厘米
山东滕州岗上遗址出土
山东省文物考古研究院藏

泥质红陶。敛口，斜腹，下等距附三凿形足，足略外侈，短直流。口沿及腹部彩绘三周纹饰。海岱地区的彩陶始见于北辛文化，一直延续到大汶口文化晚期阶段。从大汶口文化早期后段开始，海岱地区的彩陶数量迅速增多，各类彩陶纹样和图案异常繁荣，很快进入了海岱地区史前彩陶的鼎盛时期。鼎盛时期的彩陶纹样主要绘于泥质陶盆、钵、壶、豆、罐和杯等器物的外表，少数见于器物口沿和内壁。大汶口文化中期后段到晚期前段，彩陶数量不断减少，彩陶纹样和图案的种类趋于简单化，绝大多数是装饰性纹样，表现为宽窄不一的带状。

彩陶钵形鼎

NM26 ： 8
大汶口文化
口径 25、高 20.5 厘米
山东滕州岗上遗址出土
山东省文物考古研究院藏

泥质红陶。敛口，浅腹斜收，呈钵形，三等距凿形足支撑器底。口沿下彩绘一周纹饰，腹部饰一周凹弦纹。

彩陶壶

M149 ： 21
大汶口文化
口径 9.3、腹径 21.2、底径 9.5、高 20.3 厘米
山东章丘焦家遗址出土
山东大学藏

泥质红陶。侈口，高领，圆腹，平底，腹部磨光。上腹部及肩部饰两层纹饰带，红陶衣作底色，上层有七组垂弧纹，下层有十一组垂弧纹，上下层之间以两条横向条纹相分隔。

彩陶杯

M93 ： 11
大汶口文化
口径 10.4、底径 7.25、高 13.2、壁厚 0.5—0.8 厘米
山东章丘焦家遗址出土
山东大学藏

泥质红陶。筒形杯，尖圆唇，敞口，斜腹，平底，腹一侧附一环形把手。施黑彩。

琢玉水平的提升

距今5000年前后，海岱地区的玉器既有玉钺、玉刀等礼器，也有形式多样的玉镯、玉环、玉锥形器等装饰品。玉器重功能和实用，不追求过度繁缛的修饰。玉饰品或组成串饰使用，或不同单件玉饰之间形成固定搭配成套使用。大汶口文化的佩玉方式和用玉刀钺的传统对中国玉器文化的发展有重要和深远的影响。

焦家遗址M91出土玉器（山东大学供图）

玉钺

SM1 ：1
大汶口文化
长 21、宽 14—14.8、上孔径 1.1、下孔径 1.2、厚 0.9 厘米
山东滕州岗上遗址出土
山东省文物考古研究院藏

透闪石质，墨绿色。近长方形，顶部微弧，两侧边微内弧并磨薄，横截面近梭形，刃部平直，有崩疤。通体磨光。中上部有两个管钻而成的圆孔，孔周有模糊红彩。

玉钺

M55 ： 2
大汶口文化
长 16.4、顶宽 8.8、刃残宽 6.5、最厚 0.6、孔径 1.5 厘米
山东章丘焦家遗址出土
山东大学藏

透闪石质，墨绿色，微沁蚀，光泽感较好。平面呈长方形，体形轻薄，弧顶，弧刃，两侧边较直，刃部破损严重，横截面中间略厚，侧缘薄，上端中部有一圆形穿孔，穿孔为单面钻，孔两侧饰一周红色带状彩绘。因该器物一侧边有明显的刃部，推测由长条形玉刀改制而成。出土时位于墓主右下腹部。

玉钺

M197 ： 4
大汶口文化
长 7.9、宽 3.6—4.8、厚 1.3、孔径 0.7—1.1 厘米
山东章丘焦家遗址出土
山东大学藏

蛇纹石，灰白色，夹黄褐色斑，沁蚀。平面呈梯形，顶部平直，两侧斜直，弧刃，整体较厚重，中间厚，侧缘略薄，上部有一双面钻的圆孔，孔内壁可见规整的旋痕。出土时位于墓主左侧盆骨处。

玉钺

M176 ： 3
大汶口文化
长 12.8、宽 6.8—8.2、厚 0.8—0.9 厘米
山东章丘焦家遗址出土
山东大学藏

青绿色。平面呈梯形，顶部平直，两侧斜直，弧刃，整体较厚重，中间厚，侧缘略薄。上部有一双面钻的圆孔，孔内壁可见规整的旋痕。

玉镯

M55 ： 6
大汶口文化
外径 10.5、内径 6.5、厚 0.8 厘米
山东章丘焦家遗址出土
山东大学藏

蛇纹石，青绿色，受沁蚀呈乳白色，光泽感较好。体形扁薄，边缘规整，横截面呈圆角长方形。通体磨光。出土时套于墓主左臂。

玉指环

M149 ： 7
大汶口文化
外径 3.4—3.5、内径 2.3—2.4、厚 0.7—0.8 厘米
山东章丘焦家遗址出土
山东大学藏

受沁蚀呈乳白色。环身横截面呈半圆形，外缘除三处略扁平外，整体圆润。中间圆孔为单面管钻，环内壁有竖向磨痕，环身上部有一横向的小圆形穿孔，单面钻。通体磨光。

玉指环

M285 ： 2
大汶口文化
外径约 3、内径约 2、厚约 0.5—0.6 厘米
山东章丘焦家遗址出土
山东大学藏

受沁蚀呈乳白色。环身横截面呈半圆形，整体圆润。中间圆孔为单面管钻，环内壁有竖向磨痕，环身上部有一横向小圆孔，单面钻，旁侧有一未穿透孔，内有镶嵌物。通体磨光。

玉坠

M57 ： 48
大汶口文化
高 1.2、宽 1.2、厚 0.2—0.8 厘米
山东章丘焦家遗址出土
山东大学藏

蛇纹石，受沁蚀呈乳白色，光泽感较好。圆边锥状，横截面呈弧边长方形，纵截面为弧边三角形。上端偏中部有一双面钻的圆形小孔。通体磨光。出土时位于墓主右侧耳部。

绿松石坠

M57 ： 49
大汶口文化
长 1、宽 0.5—1、厚 0.2—0.3 厘米
山东章丘焦家遗址出土
山东大学藏

顶端残损，平面呈梯形，平板状，横截面呈扁长方形。上端中部有垂直排列的两孔，顶部孔残，均为双面钻。通体磨光。出土时位于墓主右侧耳部。

仰韶时代中华文明在经历了满天星斗似的繁荣之后，距今 4300 年前后，文明进程出现转折。兴盛一时的长江、西辽河流域进入低谷，黄河流域崛起，在前一阶段城址的基础上继续发展，区域社会渐成实体，趋于成熟，呈现出“万邦林立”的景象：包括河套地区在内的北方石城异军突起，演绎了农牧混交带上的文明奇迹；包括中原与海岱地区在内的黄河中下游，在变与不变中，文化更加频繁地交流与融合，历史的步伐跨入了古国时代的晚期阶段，史前的文化和社会格局发生了影响深远的转变，为王朝时代的来临奠定了坚实的基础。

变革融汇——历史转折的时代先声

东土城邦

北境石城

中原崛起

一 东土城邦

山东地区龙山文化城址分布示意图（研究成果引自张学海：《论山东地区的龙山文化城》，《张学海考古文集》，文物出版社，2020 年。在此基础上重新绘制而成）

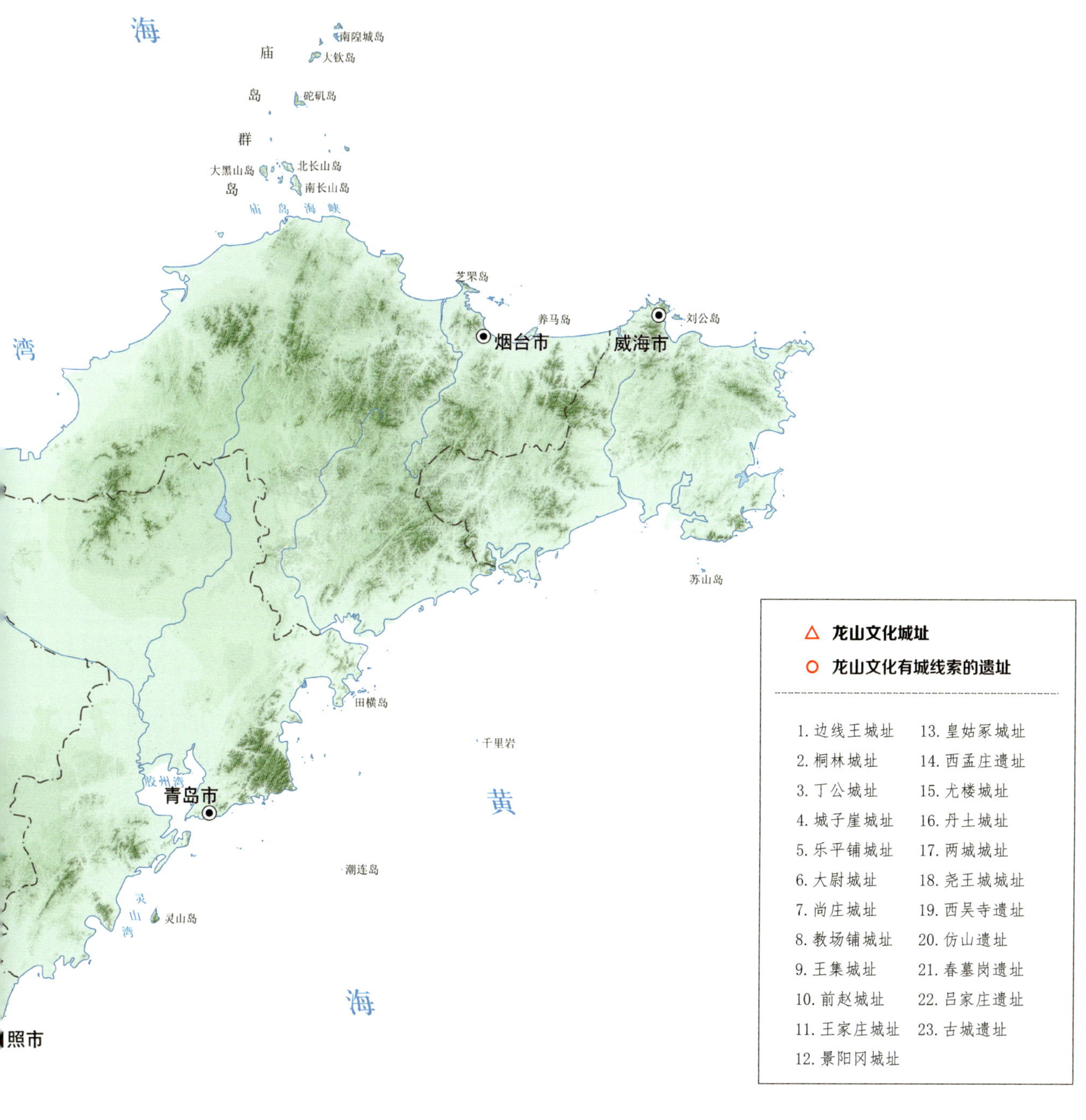

龙山时代海岱地区已进入早期城邦时代。所谓城邦，就是以一座城址为中心，在周围几百到约一千平方公里土地上的聚落群形成的区域社会。目前海岱地区共发现十余个这样的社会实体，并且存在沿交通干线形成群落组合的现象，越来越接近于古文献中描述的“万邦林立”图景。与这种城邦社会相适应，海岱龙山文化的经济生活也呈现出活跃繁荣的景象——分级的市场体系、专业的手工业生产和巨大的产量。这一时期制陶工艺登上巅峰，海岱系玉器、东方礼制继续发展与传播，社会环境比较稳定。龙山文化是海岱地区史前社会发展的顶峰，在新石器时代末期社会大变革的时代，与中原地区深度互动，为中华文明的形成作出了独特贡献。

城址与聚落

目前已发现 10 余处海岱地区的龙山文化城址，主要分布于鲁东南、苏北沿海地区和鲁北山前地带，呈现出沿交通干线串联成组的现象。其中较多沿用了大汶口文化时期城址，反映出当时海岱地区社会环境的稳定，相较于上一阶段，海岱地区的城址呈现出城邦林立的景象。

城子崖遗址

位于山东省济南市章丘区龙山街道龙山村东北，城址面积约 20 万平方米，遗址文化内涵以龙山文化、岳石文化和东周时期遗存为主，另有少量早商及西周遗存。发掘显示，龙山文化早期形成了 4 万平方米的环壕聚落，中期以后变为城址。

陶罐

J6 ： 2
龙山文化
口径 9、底径 8.4、高 16 厘米
山东章丘城子崖遗址出土
山东省文物考古研究院藏

泥质磨光黑陶。口近直，圆唇，高领，肩部有一对横耳，鼓腹，近底部急收，底内凹。颈中部饰一周凸弦纹，肩腹部等距饰三组凹弦纹，每组两道。

陶三足杯

M6 ∶ 4
龙山文化
口径 5、高 9 厘米
山东章丘城子崖遗址出土
山东省文物考古研究院藏

泥质磨光黑陶。口近直，高颈中部内弧，折腹，平底略鼓，底沿有三个三角扁足。腹上部饰一周细弦纹，腹中部等距饰五组压印纹，每组三个。

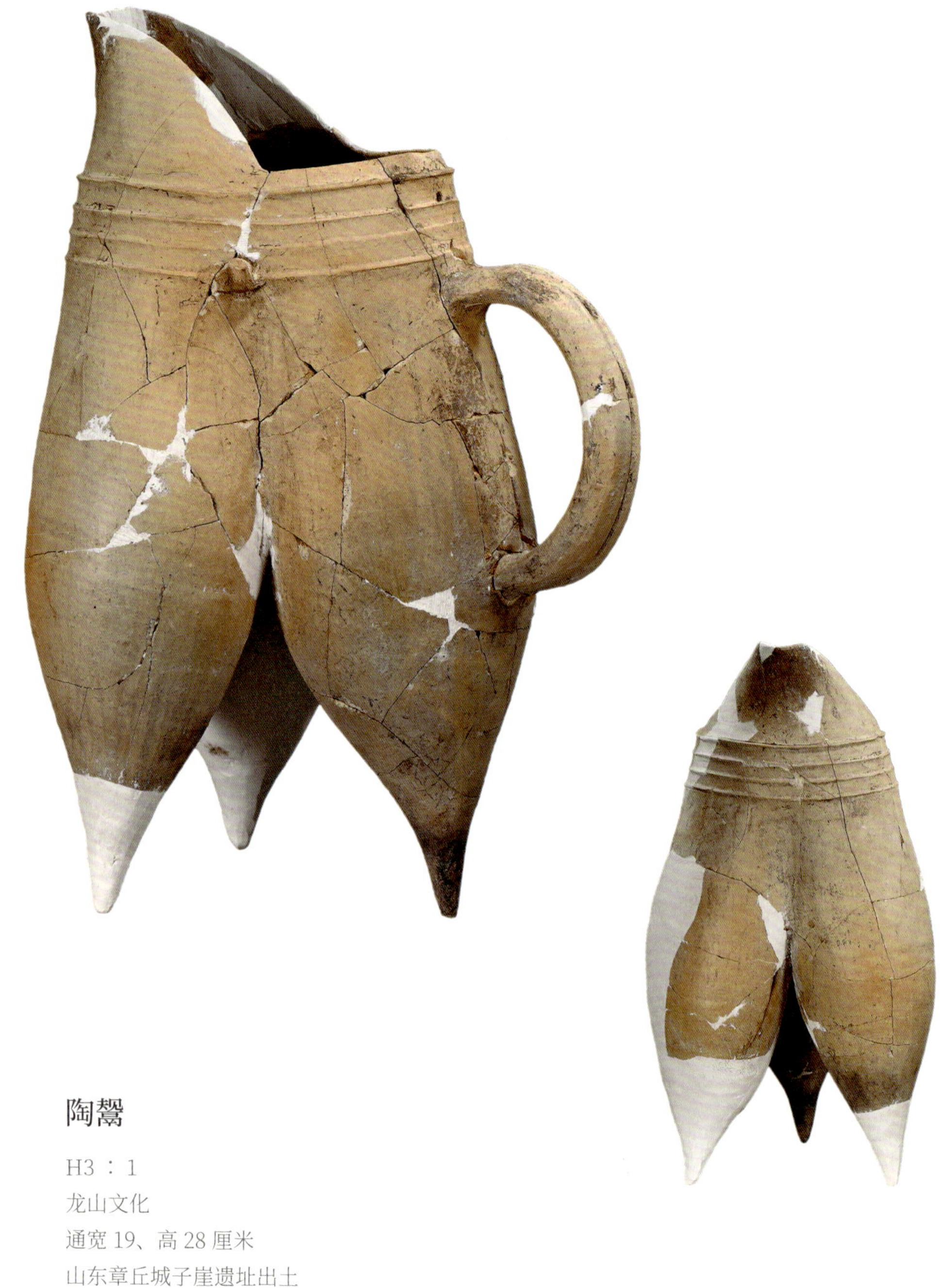

陶鬶

H3 ：1
龙山文化
通宽 19、高 28 厘米
山东章丘城子崖遗址出土
山东省文物考古研究院藏

泥质白陶。鸟喙状高仰流，口微敛，尖圆唇，无腹，三袋状足，足尖为锥状实心。把手上接颈部，下接一袋足上，饰一道凹弦纹，颈部等距分布四道凸弦纹，两侧饰有乳钉。陶鬶是海岱地区龙山文化极具代表性的器物，由大汶口文化发展而来，并不断向外传播。史前时代晚期，东方的礼制由黄河下游汇聚到中原，成为夏商周三代文明的重要组成部分，鬶演化为二里头文化的封口盉。

陶鬶

H5 ： 14
龙山文化
宽 19、高 34 厘米
山东章丘城子崖遗址出土
山东省文物考古研究院藏

泥质白陶。鸟喙状高仰流，直口，圆唇，略束颈，无腹，三袋状足，足尖为锥状实心。把手上接颈部，下接一袋足上，饰两道凹弦纹，颈部等距分布两周凸弦纹。

陶罐

M6 ： 2
口径 8.5、底径 4.9、高 12 厘米
山东章丘城子崖遗址出土
山东省文物考古研究院藏

泥质磨光黑陶。敞口，窄折沿，尖圆唇，束颈，弧腹，平底。

双耳罐

J6 ： 11
龙山文化
口径 11.6、底径 11、高 22 厘米
山东章丘城子崖遗址出土
山东省文物考古研究院藏

泥质磨光黑陶。口微侈，尖圆唇，略束颈，鼓腹，平底。肩部有两附耳，已残，其下饰两周凹弦纹。

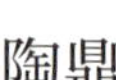

陶鼎

H39 ： 10
龙山文化
口径 21、高 21 厘米
山东章丘城子崖遗址出土
山东省文物考古研究院藏

泥质磨光黑陶。敞口，窄折沿，尖圆唇，沿下分布两个横桥形钮，束颈，弧腹，平底。上、下腹部各饰一道凸弦纹，鸟喙状足中部饰竖向脊，脊上有戳印纹，脊两侧饰圈状圆眼。

桐林遗址

位于山东省淄博市临淄区朱台镇，遗址面积约230万平方米，为山东地区首次发现的以城址为中心、环绕一般聚落的向心式宏观聚落结构。该遗址是海岱地区目前所知规模最大的龙山文化聚落之一，其聚落结构的复杂样态在全国来说亦属仅见，为进一步探讨中国文明形成关键期的社会状况提供了新资料。

陶杯

F50室内地面：13
龙山文化
口径12.2、底径10.3、高12厘米
山东临淄桐林遗址出土
山东省文物考古研究院藏

泥质磨光黑陶。敞口，尖圆唇，筒形腹，腹壁上粘接单把手（已残），平底内凹。腹中部饰两周凸弦纹。

器盖

H610④：1
龙山文化
盖径 10、高 4 厘米
山东临淄桐林遗址出土
山东省文物考古研究院藏

泥质磨光黑陶。覆钵形盖，侈口，尖圆唇，壁微弧，圜底。

单耳杯

H610 ②：1
龙山文化
口径 9.5、底径 5.8、通宽 14、高 12 厘米
山东临淄桐林遗址出土
山东省文物考古研究院藏

泥质磨光黑陶。侈口，圆唇，高领，鼓腹，平底内凹，把手上接口沿，下接腹部。

陶罐

H610 ②：6
龙山文化
口径 18.8、底径 11.6、高 25 厘米
山东临淄桐林遗址出土
山东省文物考古研究院藏

夹砂灰陶。敞口，窄折沿，方唇，鼓腹，平底。肩部饰三周凹弦纹。

陶鬶

H610 ②：4
龙山文化
通宽 24、高 33 厘米
山东临淄桐林遗址出土
山东省文物考古研究院藏

泥质磨光白陶。鸟喙状高仰流，口微侈，卷沿，圆唇，无腹，三袋状足，足尖为锥状实心。颈部有两附耳，其下饰两周凹弦纹，把手上接颈部，下接一袋足上，其上施两道凹弦纹，把手下袋足饰两周凸弦纹。

带盖陶盒

盒盖：H610 ②：46；盒身：H610 ②：48
龙山文化
盒盖：直径 12、高 4 厘米；盒身：直径 12、高 4 厘米
山东临淄桐林遗址出土
山东省文物考古研究院藏

泥质磨光黑陶。覆钵形盖，顶部粘接小圈足状捉手。饰两道凹弦纹，残存乳钉一枚。盒身子母口，尖圆唇，斜直腹，平底内凹。饰两道凸弦纹。

陶铃

H733①：1
龙山文化
通宽 11、高 6 厘米
山东临淄桐林遗址出土
山东省文物考古研究院藏

泥质灰陶。平顶，横截面近菱形，侧壁及顶部沿长轴方向各有两个穿孔。

西孟庄遗址
位于山东省滕州市界河镇西孟村西南约 150 米处，发掘面积约 2500 平方米，发现了龙山文化早、中期的主要遗存，有围墙、环沟、房址、灰坑、墓葬、窑址及大量柱洞，分布组合较有规律，形成单元，是较为完整的龙山文化小型围墙聚落结构。西孟庄遗址是目前唯一一处被完整揭露的龙山文化聚落。该聚落虽然面积小，但演变过程清晰，阶段性特征明显，聚落的典型特征也在以往发掘的龙山文化小型聚落中前所未见。

滕州西孟庄龙山文化聚落

陶鼎

H10 ： 1
龙山文化
口径 12.8、高 12.6 厘米
山东滕州西孟庄遗址出土
山东省文物考古研究院藏

夹砂黑褐陶。尖圆唇，宽折沿，鼓腹，扁铲形足。素面。

陶鼎

H70 ： 3
龙山文化
口径 34、高 21 厘米
山东滕州西孟庄遗址出土
山东省文物考古研究院藏

夹砂黑褐陶。敞口，卷沿，圆唇，盆形腹，鸟喙状足中部饰竖向脊，脊两侧饰圈状圆眼。口沿下饰两周凸弦纹，腹部饰一周凹弦纹。

陶罐

H70 ： 11
龙山文化
口径 8、腹径 28、高 30 厘米
山东滕州西孟庄遗址出土
山东省文物考古研究院藏

夹砂红陶。侈口，窄折沿，方唇，高领，鼓腹，平底。肩、腹部有两周凹弦纹。

陶甗

H70 ： 7
龙山文化
口径 17、残高 14 厘米
山东滕州西孟庄遗址出土
山东省文物考古研究院藏

夹砂黑褐陶。敞口，宽折沿，束颈，斜腹，足部缺失。颈下饰三道凸弦纹及乳钉。

陶甗出现于大汶口文化晚期，是海岱地区龙山文化自始至终存在的重要炊器之一。陶甗的形制比较复杂，常见的甗由下部的鬲和上部的无底罐构成，相接处明显内收，呈束腰状。早期有一种鼎形甗，即平底下设三个实足，两者间有继承发展关系。使用时，从陶甗口部放入一个圆形带孔的陶箅，由内收的腰承托。

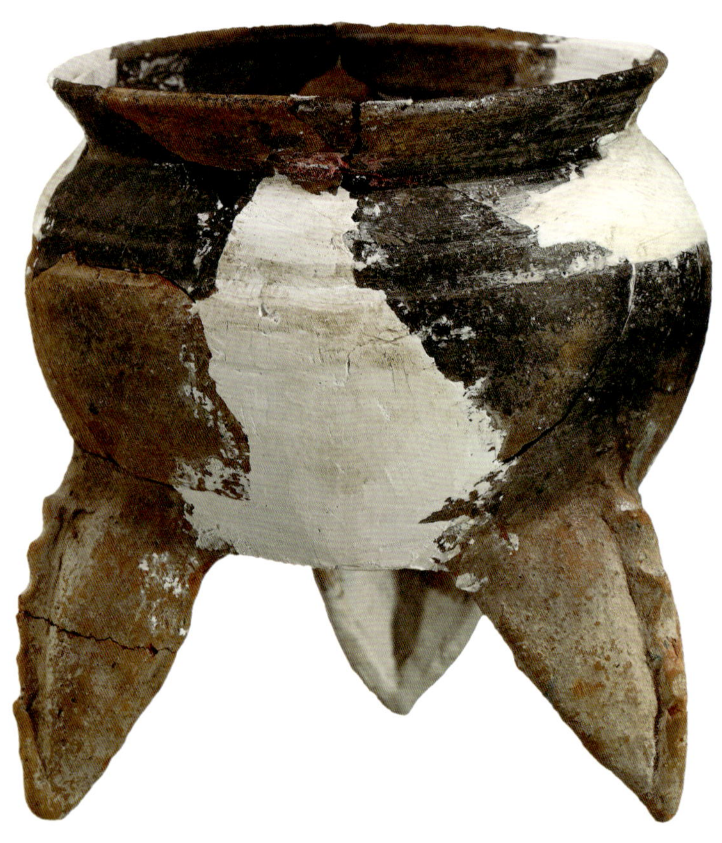

陶鼎

H70 ： 12
龙山文化
口径 12、高 15 厘米
山东滕州西孟庄遗址出土
山东省文物考古研究院藏

夹砂黑褐陶。敞口，窄折沿，束颈，鼓腹，鸟喙状足中部饰竖向脊。上腹部饰两周凹弦纹。

石镞（7 件）

龙山文化
山东滕州西孟庄遗址出土
山东省文物考古研究院藏

灰色。形制基本一致。横截面呈菱形，两面有脊，两侧锋略弧凸，至尖部时向内弧成尖峰，两侧锋及尖峰均较锋利，有铤。通体磨光。

H105②：1
残长 6.7、最宽 1.6 厘米

TN01E06 环沟①：1
残长 7、最宽 1.7 厘米

TS04E05M4 填土：1
残长 7.2、最宽 1.6 厘米

TS04E06 环沟②：38
残长 7.5、最宽 1.8 厘米

TS04E06 环沟②：39
残长 4、最宽 1.9 厘米

TS03E06 环沟④：50
残长 7.3、最宽 1.9 厘米

TS03E06 环沟④：67
残长 7.5、最宽 2.1 厘米

礼制的延续与创新

龙山文化进一步延续发展了前期的礼制传统，海岱地区棺椁制度、器用制度等全面表达等级分化的制度已臻于完备，代表了史前礼制发展的高峰。在史前晚期，东方的礼制不断由黄河下游汇聚到中原地区，并成为夏商周三代文明的重要组成部分。礼制的传承所体现出的文化连续性，是中华文明最突出的特性。

陶鬶

H37 ： 16
龙山文化
宽 17、高 39 厘米
山东章丘城子崖遗址出土
山东省文物考古研究院藏

泥质白陶。鸟喙状高仰流，口微侈，卷沿，圆唇，高颈，无腹，三袋状足，足尖为锥状实心。把手上接颈部，下接一袋足，其上饰刻划纹，腹部与袋足交接处饰两道凸弦纹。

陶鬶

H610 ④ ： 2
龙山文化
宽 22、高 27 厘米
山东临淄桐林遗址出土
山东省文物考古研究院藏

泥质磨光白陶。鸟喙状高仰流，口微侈，卷沿，圆唇，无腹，三袋状足，足尖为锥状实心。把手上接颈部，下接一袋足。颈部饰两周凹弦纹，把手下袋足饰一周凸弦纹。

陶盒

M303 ： 3
龙山文化
宽 14.5、高 7 厘米
山东章丘城子崖遗址出土
山东省文物考古研究院藏

泥质磨光黑陶。敞口，卷沿，圆唇，束腹，底内凹。腹部等距分布四道凸弦纹。

020218
口径 37.3、高 33.1 厘米

020220
口径 25、高 27 厘米

陶鼎（5 件）

龙山文化
山东临淄桐林遗址出土
山东省文物考古研究院藏

形制基本一致。夹砂黑褐陶。方唇，宽折沿，盆形腹，鸟喙状足中部饰竖向脊，脊两侧饰圈状圆眼。口沿下附两耳，腹部饰四周凸弦纹。

020221
口径 24.7、高 24.9 厘米

020223
口径 23.4、高 22.8 厘米

020226
口径 30.5、高 33 厘米

陶鼎

020225
龙山文化
口径 28、高 28.6 厘米
山东临淄桐林遗址出土
山东省文物考古研究院藏

泥质灰陶。口微侈，折沿，盆形腹，鸟喙状足中部饰竖向脊，脊两侧饰圈状圆眼。腹部饰四周戳印弦纹。

H600 ： 55

H600 ： 56

H600 ： 57

H600 ： 58

H600 ： 59

H600 ： 100

刻纹陶片（6 片）

龙山文化
山东临淄桐林遗址出土
山东省文物考古研究院藏

泥质磨光黑陶。不规则形，上有刻划纹。

蛋壳黑陶杯

011717
龙山文化
口径 8.2、底径 5.5、通高 19.1 厘米
山东日照东海峪遗址出土
山东省文物考古研究院藏

敞口，折沿，圜底，杯、柄间细束腰。颈、腹间有一周棱纹，柄部有镂孔两排，每排六孔。蛋壳陶，或称作薄胎高柄杯、蛋壳高柄杯，仅见于山东地区的典型龙山文化遗址中，极富特色，是龙山文化的代表器物。蛋壳陶黑、亮、薄、轻，造型典雅精美，堪称稀世珍品。绝大多数蛋壳陶出自墓葬之内，遗址中的其他遗迹内较少发现，多数放置于墓主头、脚或上肢一侧的显著位置。蛋壳陶器小胎薄，是从实用器中分化出来的、具有象征意义的陶礼器，专供权贵阶层使用，是地位和身份的象征。

蛋壳黑陶杯

019306
龙山文化
口径 10.9、底径 4.7、通高 16.8 厘米
山东日照东海峪遗址出土
山东省文物考古研究院藏

敞口，折沿，直腹，圜底，杯、柄间紧密相接，柄、足间细束腰，喇叭状圈足。柄部镂双行竖锥状孔，与两端三角孔中夹菱形孔为一组，共五组。

二 北境石城

石构城址，作为我国史前城址的重要类型之一，主要分布于内蒙古中南部、陕北、晋中北的黄河两岸和河北西北部。近年来，以陕西石峁、内蒙古后城咀、山西碧村等遗址为代表的龙山时代城址新发现可谓“石破天惊”。其中石峁城址规模宏大、布局严整，发现了马面、瓮城、高大城门齐备的石筑城墙，结构复杂、高大宏伟的中心建筑——皇城台，以及大量精美石雕、玉器、骨器和陶器。城址周围发现大量不同层级的聚落，形成完整的区域聚落群，刷新了我们对中国早期文明高度的认识。

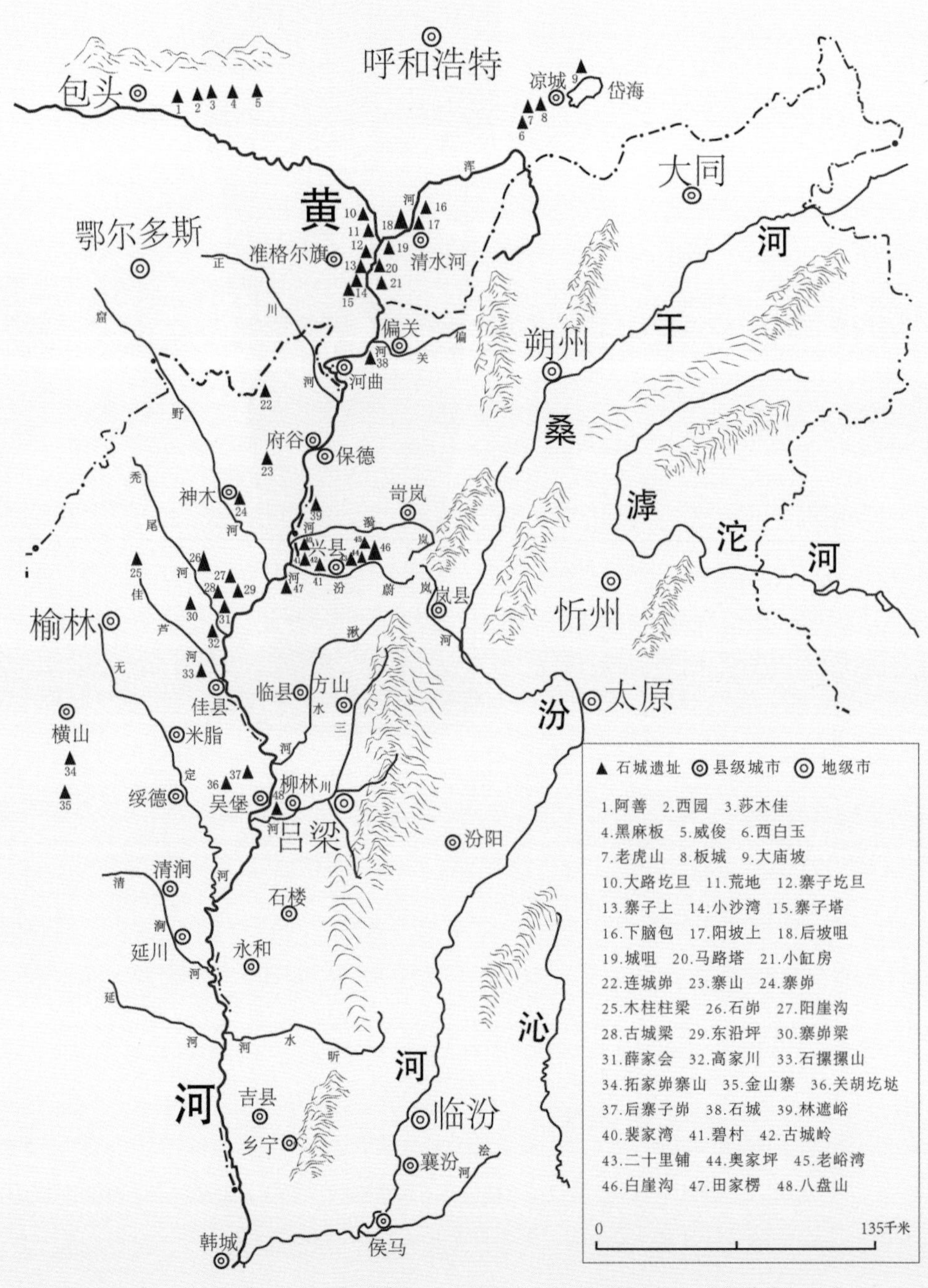

晋陕高原石城址分布示意图（采自王晓毅、张光辉：《兴县碧村龙山时代遗存初探》，《考古与文物》2016 年第 4 期）

石峁，中国北方早期“国家”的都城

位于陕西省神木市高家堡镇东侧。遗址由“皇城台”、内城和外城三重城垣组成，城址面积约 425 万平方米，是一处距今 4300—3800 年的超大型中心聚落，城址规划井然有序，出土大量玉器、陶器、石雕等重要遗物，具有区域政治中心与宗教中心的双重角色，初现王权和礼制，应已迈入早期“国家”的门槛。

陶大口尊

2019H4 ①：73
龙山时代
口径 35.2、底径 12、高 35.2 厘米
陕西府谷寨山遗址庙墕地点出土
陕西省考古研究院藏

泥质灰陶。敞口，圆唇，高领，领微内弧，窄折肩，斜直腹，平底。领、肩素面磨光，肩腹连接处饰一周凹弦纹，凹弦纹下为一周戳刺纹，腹部拍印斜向篮纹，外底素面。内壁素面经修抹，口沿下有一周凹槽，有少量水垢。

陶双鋬鬲

2019H4①：63
龙山时代
口径18.4、高41.2厘米
陕西府谷寨山遗址庙墕地点出土
陕西省考古研究院藏

夹砂灰陶。敞口，圆唇，唇面压印绳纹，领部斜直，附加正装鋬手，裆残，袋足肥大，足根残。领部竖绳纹经修抹，器身饰斜绳纹，鋬手上先饰绳纹，再按压凹窝。外壁附着黄泥，经过火烤。内壁遗留修抹痕与垫窝，附着少量水垢。

龙山时代后期，在陕西北部、内蒙古中南部和山西中北部的河套东部地区分布着一类以双鋬类器为特征的遗存，其主要器物组合为双鋬鬲、单把鬲、斝、甗、圈足罐、喇叭口瓶、三足瓮等。

陶斝

2019H4①：66
龙山时代
口径 30.4、高 30 厘米
陕西府谷寨山遗址庙墕地点出土
陕西省考古研究院藏

夹砂灰陶。敛口，斜方唇，弧腹，瘤裆，下接三个乳状袋足。下腹部附加一对鋬手，鋬手上先饰绳纹，再戳印凹坑。口沿素面磨光，口沿下附加一周堆纹，器表压印斜绳纹，足腹连接处以一周泥条加固，泥条经按压。内壁可见杂乱垫窝与水垢。

陶三足瓮

2017W1
龙山时代
口径 24.8、高 41.6 厘米
陕西神木石峁遗址出土
陕西省考古研究院藏

泥质灰陶。胎壁较厚，敛口平唇，近直腹，圜底，有三个乳状袋足。周身饰粗篮纹。

陶三足瓮

2019H4①：71
龙山时代
口径14.4、高35.2厘米
陕西府谷寨山遗址庙墕地点出土
陕西省考古研究院藏

泥质灰陶。敛口，方唇，圆鼓腹，弧底，牛角形袋足。领部素面磨光，领腹连接处有一周凹槽，凹槽之下为一周戳刺纹，腹、底、足部饰篮纹。内壁可见垫窝与水垢。

三足瓮，又称为“蛋形瓮”，是具有鲜明地域和时代特征的一类器物。蛋形瓮产生于龙山时代晚期，历经夏、商、西周，直到春秋早期才逐渐消失。地域上主要分布在内蒙古中南部、晋陕间的黄河两岸、晋中南及关中地区。其功能主要有以下三种：1.盛贮器；2.瓮棺葬的葬具；3.明器。

陶盉

2019H4①：67
龙山时代
口径 18.6、高 20 厘米
陕西府谷寨山遗址庙墕地点出土
陕西省考古研究院藏

夹砂灰陶。敛口，圆唇，折肩，肩微内弧，管状流，微弧腹，圆弧裆，乳状空心袋足。口、肩、流部素面磨光，腹部、足部饰绳纹，上腹部附一对鋬手，鋬手上戳印四个斜向凹坑。器表遗留烟炱，内壁附着一层水垢。

陶甗

2017W2
龙山时代
口径 23.8、高 50.2 厘米
陕西神木石峁遗址出土
陕西省考古研究院藏

泥质灰陶。敛口，折肩，斜弧腹，束腰，下接袋形三足，高裆，空足，实心足尖。肩部素面，肩部以下饰篮纹，腹上部有两周紧密的凹弦纹，中部有两周凹弦纹。

陶器组合（一套 5 件）

陶小罐 2 件、陶斝 1 件、陶双耳盆 1 件、陶喇叭口瓶 1 件
龙山时代
陕西府谷寨山遗址庙墕地点 2019M3 墓坑西壁壁龛出土
陕西省考古研究院藏

该组为石峁文化墓葬典型陶器组合。

陶小罐
2019M3 ：2
口径 6.2、底径 6.5、高 9.2 厘米；石器盖径 6、厚 0.6 厘米

夹细砂褐胎黑皮陶。敞口，尖圆唇，领部略内弧，溜肩，微弧腹，平底。外壁素面，领、肩抹光，腹部较粗糙，内壁可见修抹痕。

陶小罐
2019M3 ：3
口径 6、底径 6.2、高 8.7 厘米；石器盖径 6.4、厚 0.6—1 厘米

夹细砂褐胎黑皮陶。口微敞，圆唇，斜直领，圆肩，弧腹，平底。外壁素面经修抹，内壁有修抹痕与泥条缝。

陶斝

2019M3 ： 4

口径 10、高 12 厘米；石器盖径 9.8、厚 0.8 厘米

夹细砂黑陶。口微敞，方唇，腹微弧内收，圆弧裆，乳状袋足。外壁素面，口沿及内壁均可见修抹痕，腹部内壁可见泥条缝。

陶双耳盆

2019M3 ： 5

口径 15.5、底径 6、高 12 厘米；石器盖径 15.6、厚 0.9 厘米，边缘打制出一缺口，长 2.4、宽 1 厘米

泥质灰陶。侈口，圆唇，口沿外折，微弧腹，腹部有一对桥形耳，耳下有一周凹槽，底微内弧。内外壁均素面磨光，内壁附着较多水垢。

陶喇叭口瓶

2019M3 ： 6

口径 12.4、底径 8、高 22 厘米；石器盖径 11.6、厚 0.8 厘米

夹细砂褐胎黑皮陶。敞口，圆唇，斜直领，折肩，斜直腹，平底。口沿、肩部素面磨光，颈部中部饰一周凹弦纹，凹弦纹下戳印三周三角形凹坑，上腹部饰一周凹弦纹，凹弦纹下有一周戳印纹，下腹部及外底素面经修抹。内壁腹部可见三周泥条缝，附着一层水垢。

玉刀

龙山时代

长 12.8、宽 4.1、厚 0.3 厘米

陕西神木石峁遗址出土

陕西省考古研究院藏

墨绿色，夹杂较多絮状结晶。通体磨光。长条形，体薄，平直背，有刃，刃部有崩疤。双孔，中部孔为双面钻，另外一孔为单面钻，该孔附近有两圈制作痕迹。

石峁遗址发现了大量玉器，主要包括牙璋、钺、刀等。除了石峁遗址，河套地区还在新华、碧村等多处龙山时代遗址中发现玉器集中出土的现象，表明该地已成为龙山时代的用玉中心。对于石峁玉器来源的讨论尚有争议，但普遍认为是文化交流融合的结果。

玉牙璋

2018 皇城台大台基顶部院落西墙垫土：1
龙山时代
长 32.5、宽 10 厘米
陕西神木石峁遗址皇城台出土
陕西省考古研究院藏

墨玉，局部有土沁。通体磨光。整体呈扁长方条状，长方形柄，一扉牙牙体竖直，牙顶较平，一扉牙残失。璋身与柄连接处有一单面钻圆孔，弧刃，有崩疤。器身有部分裂痕，局部脱落。

玉钺

2016 皇城台门址南隔墙①：1
龙山时代
长 11.1、宽 8.3 厘米
陕西神木石峁遗址皇城台出土
陕西省考古研究院藏

墨玉。通体磨光。平面略呈梯形，顶部近平，一角有破损，一侧边近直，一侧边微内弧，刃部微弧。中上部有一个单面钻圆孔。

石雕

34 号石雕
龙山时代
长 98、高 32、厚 7—24 厘米；雕纹高 2.12—6.32 厘米
陕西神木石峁遗址皇城台地点出土
陕西省考古研究院藏

灰绿色砂岩。略呈梯形，右下部有开裂痕，采用减地高浮雕技法雕刻。图案中心雕刻一牛首，两侧对称雕刻立马。

石峁遗址发现有数量丰富的石雕，雕刻精美，构图独特，引人注目。有学者提出，这些石雕与石峁先民砌筑石墙时“藏玉于墙”的习俗，以及皇城台出土的口簧、卜骨和陶鹰等器物，代表着当时整个社会的精神追求和信仰图景。

石镞（5件）

龙山时代
陕西神木石峁遗址出土
陕西省考古研究院藏

质地、形制基本一致。硅质岩或石英岩质。通体经压剥，周缘锋利，部分尖部较钝，镞尖残断。

2016 皇城台东护墙北一段④ c
长 4.2、宽 1.1 厘米

横截面呈菱形，长身，中间起脊，尾部已残。磨制。

2020 石皇圪台 TG4 ②
长 2.5、宽 2 厘米

平面呈三角形，中间厚，边缘薄，无铤，凹尾，尖部残。通体经压剥。

2016 皇城台东护墙北一段④ c
长 3.9、宽 1.7 厘米

横截面呈菱形，无铤，平尾。磨制。

2020 石皇圪台 TG4 ②
长 1.9、宽 1.5 厘米

平面呈三角形，中间厚，边缘薄，无铤，平尾，镞尖较钝。通体经压剥。

2017 皇城台獾子畔四段④ a
长 4.4、宽 2 厘米

平面呈三角形，中间厚，边缘薄，无铤，凹尾。通体经压剥。

口簧

皇城台獾子畔一段⑤：1
龙山时代
长 8.7、宽 1.6、厚 0.08 厘米
陕西神木石峁遗址皇城台出土
陕西省考古研究院藏

簧舌残失。簧框两端有对称亚腰形凹槽，两侧框缘微内曲，首端钻孔。素面。出土于皇城台东护墙北段（獾子畔地点）上部的“弃置堆积”内。

皇城台地点出土有 20 余件骨质口簧，这是世界上年代最早的口簧实物，被认为具有通灵的功能。这不仅是中国乃至世界音乐史上的重要发现，也为探讨早期人群流动及文化交流提供了难得的线索。

骨针（12件）

龙山时代
陕西神木石峁遗址皇城台出土
陕西省考古研究院藏

形制基本一致，通体磨光，体直，横截面呈圆形，锐圆尖，顶端钻有一圆形小孔，器形长短不一。

2017 皇城台东护墙北段二段④ a ：12
长 2.95、直径 0.1 厘米

2017 皇城台东护墙北段二段④ a ：7
长 2.99、直径 0.11 厘米

2017 皇城台东护墙北段二段④ a ：6
长 3.1、直径 0.13 厘米

2017 皇城台东护墙北段二段④ a ：2
长 3.16、直径 0.15 厘米

2017 皇城台东护墙北段二段④ a ：8
长 3.42、直径 0.13 厘米

2017 皇城台东护墙北段二段④ a ：4
长 3.6、直径 0.13 厘米

2017 皇城台东护墙北段二段④ a ：3
长 3.71、直径 0.13 厘米

2017 皇城台东护墙北段二段④ a ：11
长 4.02、直径 0.13 厘米

2017 皇城台东护墙北段二段④ a ：10
长 4.14、直径 0.12 厘米

2017 皇城台东护墙北段二段④ a ：5
长 4.84、直径 0.14 厘米

2017 皇城台东护墙北段二段④ a ：9
长 6.19、直径 0.11 厘米

2017 皇城台东护墙北段二段④ a ：1
长 7.64、直径 0.11 厘米

碧村，四千年前黄河岸边的文明图景

位于山西省吕梁市兴县碧村北，黄河及其支流蔚汾河的交汇处，距今约4200—3700年，城内残存面积75万平方米，是一座具有内外双重城垣的石城，建筑了高等级门址，并出土了一批颇具特色的陶器和制作精美的骨器及玉石器。

墩台
障墙
障墙
墩台
门塾
墩台
门塾

碧村东门址俯视结构图及入城导向示意图（山西省考古研究院供图，在原图基础上修改而成）

陶折肩罐

H24 ： 22
龙山时代
口径 20、底径 14.4、高 38.4 厘米
山西兴县碧村遗址出土
山西省考古研究院藏

泥质灰陶。侈口，圆唇略加厚，高领，领部斜直，折肩，斜弧腹，平底。领、肩部饰竖篮纹，腹部饰向左下倾斜的篮纹。腹部裂缝处遗留 2 个钻孔，单面钻成。

陶敛口斝

H24 ： 10
龙山时代
口径 11.5、高 12.3 厘米
山西兴县碧村遗址出土
山西省考古研究院藏

夹细砂灰陶。敛口，圆唇，折肩，斜腹，分裆，裆底部外凸，袋足圆润。肩部素面磨光，折肩处置一对舌状鋬手，鋬手上戳印五个三角形凹槽。腹部与袋足饰网格纹，腹部与袋足相接处经过修抹。

陶大口尊

H20 ： 2
龙山时代
口径 45、底径 15.3、高 38 厘米
山西兴县碧村遗址出土
山西省考古研究院藏

泥质灰陶。敞口，圆唇，高领，领肩连接处置一对舌状鋬手，斜直腹，平底。领中部饰一周凹弦纹，鋬手上戳印五个凹槽，腹部大部分拍印篮纹，腹中部饰两周凹弦纹。

陶三足瓮

H28 ： 11
龙山时代
口径 28、高 50 厘米
山西兴县碧村遗址出土
山西省考古研究院藏

泥质灰陶。敛口，平沿，圆鼓腹，圜底，下有三个粗矮袋足。足部以上饰网格纹。

陶双耳罐

2016XBT117071
龙山时代
口径 11、底径 6、高 19 厘米
山西兴县碧村遗址出土
山西省考古研究院藏

泥质褐色陶。敞口，高领，折腹，口与上腹部置宽带形双耳，平底。通体磨光。

陶杯

2016XBH15
龙山时代
口径 5.6、底径 4.3、高 7 厘米
山西兴县碧村遗址出土
山西省考古研究院藏

夹砂灰陶。直口微弧，平沿，直腹，平底。素面。

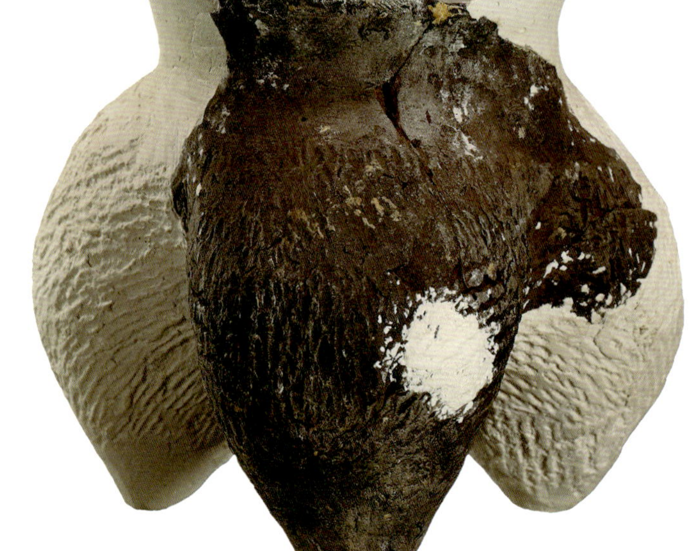

陶鬲

H34 ③：1
龙山时代
口径 11、高 15 厘米
山西兴县碧村遗址出土
山西省考古研究院藏

夹砂灰黑陶。侈口，平沿，圆腹，三乳状袋足。腹部饰交错绳纹。使用时，在三个袋状足下直接燃火煮食。

玉斧

T053866⑤：2
龙山时代
长 10.3、宽 4.2 厘米
山西兴县碧村遗址出土
山西省考古研究院藏

平面略呈梯形，顶端中部内凹，两侧边斜直，刃部圆角边近平直。

铜泡

T117071③：4
龙山时代
直径 0.9 厘米
山西兴县碧村遗址出土
山西省考古研究院藏

整体近半球形，内凹，桥形钮，中间有半圆形穿孔。

铜刀

T117071③：3
龙山时代
残长 2.32、宽 0.7、厚 0.2 厘米
山西兴县碧村遗址出土
山西省考古研究院藏

柳叶形，器物略弧，刀尖圆钝，微上翘，弧背，双面刃薄锐。

三 中原崛起

中原地区是龙山时代黄河流域崛起的重要代表，既出现了融合四方的巨型都邑——陶寺，也发现了与海岱地区类似的城址群落。其中尤以陶寺遗址文明要素完备，筑城建宫，礼乐发端，王权彰显，进入了早期“国家”的行列。

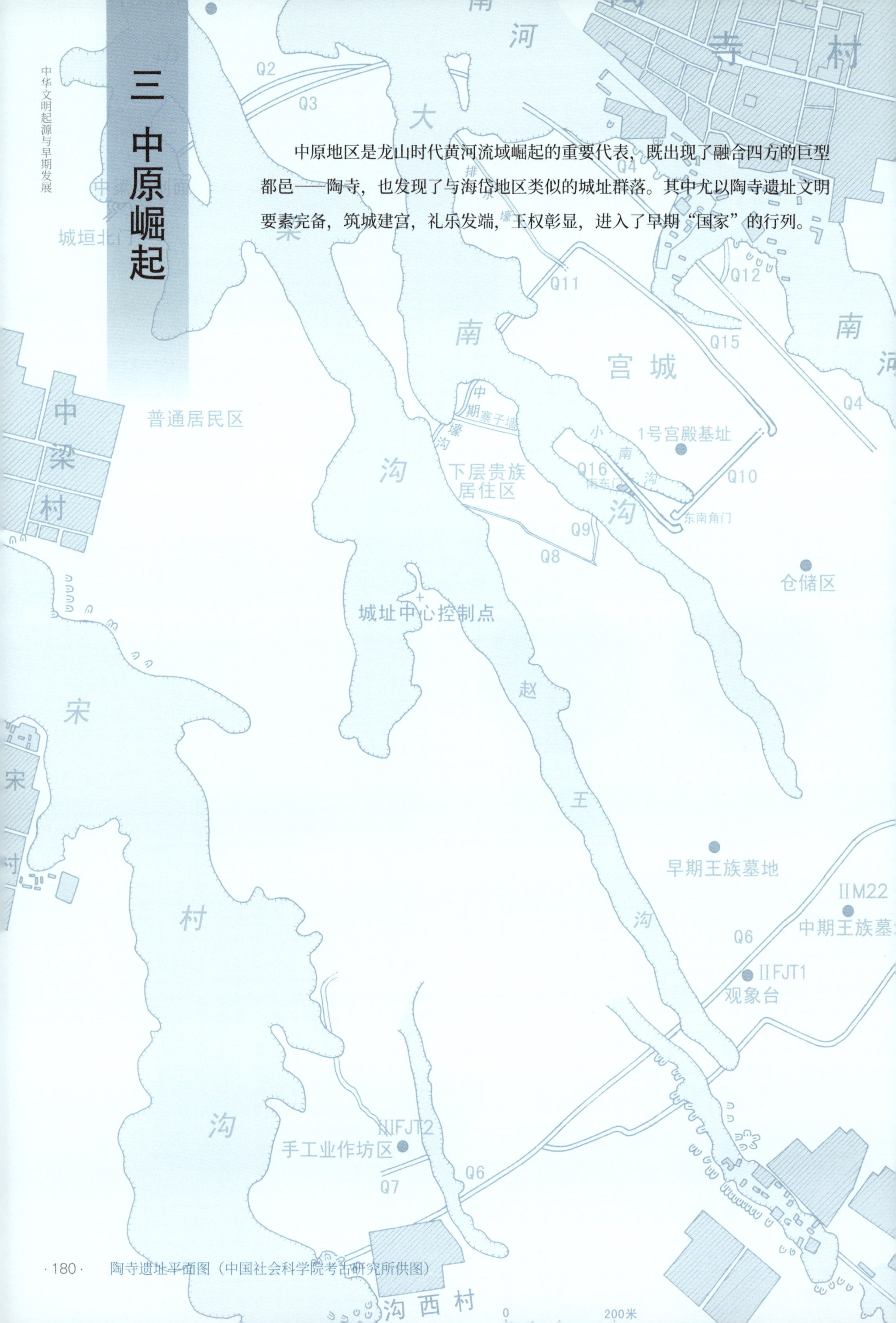

陶寺遗址平面图（中国社会科学院考古研究所供图）

陶寺，融汇四方的大型都邑

龙山时代的中原地区涌现出一批城址，其中传说为尧都的陶寺遗址规模最大，是中国史前“都城要素最完备”的城址。遗址地处西部黄土高原和东部平原地区的交汇地带，是龙山时代四方文化交流融合的中心，对中原各地产生了不同程度的影响。其融汇四方的特征在中期大墓 M22 中较为显著。

彩绘陶壶

ⅡM26 ： 2
龙山时代
口径 17、腹径 22、底径 7、高 32.6 厘米
山西襄汾陶寺遗址出土
临汾市博物馆藏

泥质黑陶。斜折沿，长颈，折腹，平底。口沿内侧、颈、肩部有彩绘装饰，红彩白框，图案有彩带、红云、红点等。

彩绘双耳罐

ⅡM26 ：6
龙山时代
口径 7.4 、腹径 10.5 、底径 3.8 、高 10.9 厘米
山西襄汾陶寺遗址出土
临汾市博物馆藏

泥质灰陶。直口，双桥形耳自口部连接至折腹处，平底。口沿内侧、颈、肩部饰彩绘，纹饰母题为红云白地几何纹。

陶寺彩绘陶器为贵族使用，是陶寺文化中的重要随葬器物。其多出土于早、中期的大中型墓葬，属于代表墓主身份地位的陶礼器。

陶铃

83JS62T405H3017 ：01
龙山时代
长 4.6、宽 2.8、高 3 厘米
山西襄汾陶寺遗址出土
中国社会科学院考古研究所藏

泥质灰褐陶。顶端呈长方形，四壁近下口稍内收，顶壁厚于周壁，顶壁顺长轴穿并列二孔。礼乐文明是中国古代文明的核心，陶寺遗址出土的大量乐器呈现出礼乐文明的雏形。陶鼓、鼍鼓、石磬形成组合，随葬在早期王墓中；还有铜铃、陶铃、口簧等，显示出八音初备。二里头遗址出土的礼乐器，则被认为是陶寺文化礼乐器的继承与发展。

陶肥足鬲

78JS62H301 ： 6
龙山时代
口径 42、通宽 50、通高 52 厘米
山西襄汾陶寺遗址出土
临汾市博物馆藏

泥质灰陶。上部为一大口圜底釜，下接三个袋足，袋足高大、肥硕，呈直立状。高裆，裆高超过器高的二分之一。袋足末端出细锐足尖。器表有烟炱，鋬已残失。

玉石梳

79JS62T1201M1365 ： 1
龙山时代
高 8.5、顶端宽 6、下缘宽 8.1、厚 0.4 厘米
山西襄汾陶寺遗址出土
中国社会科学院考古研究所藏

大理石质，豆绿间豆青色，表面受沁部分呈浅褐色或黄色。呈钺形，顶缘已残，中部两侧出鞍形对称錾，下缘呈弧形，有竖向槽七道，形成梳齿八枚。两侧齿下端残。两面遗有朱砂痕迹。

玉石璧

79JS62T1201M1411
龙山时代
内径 6.7、外径 13.7、厚 0.6 厘米
山西襄汾陶寺遗址出土
中国社会科学院考古研究所藏

大理石质，青白色。外周及中孔均作圆形，好径约相当外周直径的二分之一，即好径约相当两侧肉宽之和，上下误差不超过 1 厘米。

多璜联璧

81JS62M2011 ： 6-4
龙山时代
内径 5.95—6.05、外径 11.1—12.1、厚 0.5 厘米
山西襄汾陶寺遗址出土
中国社会科学院考古研究所藏

大理石质，乳黄色，半透明。每节璜的两端各钻一孔，孔为对钻。内、外缘均作直边，唯一节璜局部外缘作斜边。中孔及外周均呈不规则圆形。出土时套在男性墓主左肘，由 4 节璜对成，大小相若。

玉石殳

M3002 ： 40
龙山时代
残长 13.6、直径 2.9 厘米
山西襄汾陶寺遗址出土
中国社会科学院考古研究所藏

蛋青色。锋端呈四棱尖状，稍残，殳体后半段及铤表面沾有朱砂痕，因受沁上述部位略显粗糙。

石钺

82JS62M3227 ： 3
龙山时代
长 12.7、宽 6.9—7.6、厚 1、孔径 0.9—1.1 厘米
山西襄汾陶寺遗址出土
中国社会科学院考古研究所藏

平面呈梯形，顶端窄，刃端宽，平刃。中上部单面钻一圆孔。

石厨刀

80JS62T3011M3072 ： 12
龙山时代
长 33.6、高 24.1、刀身最宽 12.6、刀身最厚 0.9、刀柄最厚 0.9 厘米
山西襄汾陶寺遗址出土
中国社会科学院考古研究所藏

角岩，绿褐间青灰色。刀身前、后近等宽，柄窄，刃部几乎全部残损，前端经下缘直至尾尖都磨出弧刃，刃有使用痕迹。

石刀

86JS 大柴 T2 ④： 8
龙山时代
长 10.5、宽 4.7、厚 0.5 厘米
山西襄汾陶寺遗址出土
中国社会科学院考古研究所藏

磨制。长方形，中部有双面钻穿的孔，下端单面刃，刃部经长期使用被磨损得略为内凹。

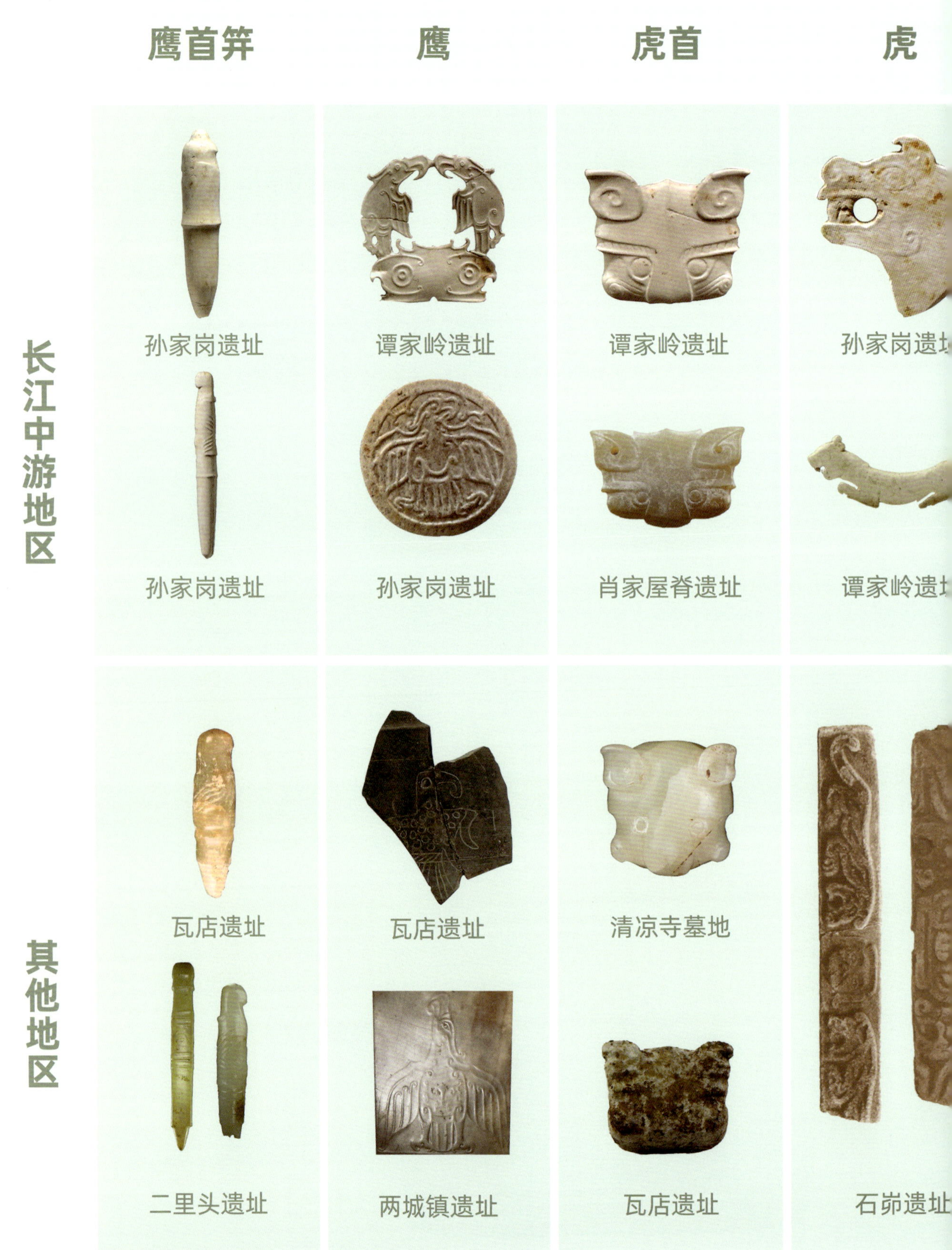

玉器交流互动对比示意图

冠人头像

谭家岭遗址

六合遗址

陶寺遗址

两城镇遗址

羊舌墓地

人头像

谭家岭遗址

谭家岭遗址

石峁遗址

石峁遗址

龙山文化的区域互动——从玉出发

距今 4000 年前后，不同地区之间互动的频繁和深度远超出我们的想象。作为高端资源代表的玉器是其最好的互动载体之一，其中长江中游地区发现的玉器及其纹饰主题，在空间和时间上都广泛流传，影响深远。它们跨越了时空，出现在同时期的陶寺、瓦店、石峁等中原和北方地区遗址，甚至出现在夏代的二里头遗址、商代的妇好墓、周代的晋侯墓中，见证了中华文明的绵延发展。

玉人头像

W9 ：7
肖家屋脊文化
冠宽 3.1、耳宽 4.6、高 3.35、厚 0.6—1.1、孔径 0.2—0.3 厘米
湖北天门谭家岭遗址出土
天门市博物馆藏

头戴平顶冠，侧立鹰形翼，冠上阴刻简化的鹰形翼，臣字眼，宽鼻，阔口，内出獠牙，露出四颗牙齿，大耳戴圆耳珰，下附高颈，冠顶至颈下对穿一深孔。造型生动，线条流畅，熟练运用浅浮雕、减地阳刻及透雕技法。

玉人头像

W9 ： 6
肖家屋脊文化
高 2.75、宽 0.8—1.4、厚 0.58 厘米
湖北天门谭家岭遗址出土
天门市博物馆藏

覆舟形发饰，阴刻出细密发丝，顶至颈下有一对穿深孔，耳部穿孔。两侧各梳一长卷发，颈后披一束长发，弯眉，阔口，作吐舌状，下附高颈。

玉人头像

W9 ：28
肖家屋脊文化
高 3.15、宽 2.72、厚 1.45 厘米
湖北天门谭家岭遗址出土
天门市博物馆藏

平顶冠, 臣字眼, 蒜头鼻, 阔口, 大耳戴圆耳珰, 高颈。面部阴刻细线纹。雕于小块玉柱之上, 颇具立体感, 上下贯穿一孔。

玉虎

W9 ： 49
肖家屋脊文化
通高 2.55、宽 3.64、厚 0.5、孔径 0.1—0.2 厘米
湖北天门谭家岭遗址出土
天门市博物馆藏

整体略呈长方形，片雕于薄玉片之上。额顶有尖突，形似“介”字形冠，中起一道凸棱，旋涡状叶形耳，耳涡处有一对穿孔，弧眉，眉脊与鼻根相连，臣字眼，宽鼻，鼓腮内收。

玉虎

W9 ： 44
肖家屋脊文化
通长 3.44、宽 1.4、厚 0.41 厘米
湖北天门谭家岭遗址出土
天门市博物馆藏

片状，浅浮雕而成。为虎的侧视全身像，作昂首奔跑张口呲牙状，口部有穿孔，尾巴翘起。

玉鹰

W9 ：3
肖家屋脊文化
宽 2.5、高 2.4、厚 1 厘米
湖北天门谭家岭遗址出土
天门市博物馆藏

半圆雕飞鹰，双目圆睁，尾部为扇形，雕刻四条直线表示尾羽，双翅分别刻四条弧线表示翎羽，以阳线当作羽毛纹饰，嘴部可以活动。

玉璜

W9 ： 34
肖家屋脊文化
内角间距 6.2、外角间距 9.9、宽 2.6、厚 0.43 厘米
湖北天门谭家岭遗址出土
天门市博物馆藏

素面无纹，体扁薄，璜体较宽。一端穿一孔，另一端穿两孔。

玉璜

M14 ： 2
肖家屋脊文化
长 12.7、厚 0.6 厘米
湖南澧县孙家岗遗址出土
湖南省文物考古研究院藏

扁体，截面近梭形。两端饰一组对称的覆舟形鉏牙，四周饰多组对称鉏牙，中部有两条凸带箍饰，凸饰两侧各穿有一小孔。

玉璜

M324 ：1
肖家屋脊文化
长 8、厚 0.3 厘米
湖南澧县孙家岗遗址出土
湖南省文物考古研究院藏

扁体，中部与一端各穿有一小孔，两端各有两道凸棱。

玉管

W8 ：3
肖家屋脊文化
长 3.81、直径 1.32—1.6、孔径 0.95—1.1 厘米
湖北天门谭家岭遗址出土
天门市博物馆藏

喇叭形，上小下大，上下贯通一孔，厚壁。素面。

有学者认为这一类喇叭形玉管，可能是玉人佩戴的耳珰。

玉管

W8 ： 36
肖家屋脊文化
长 3.21、直径 2.46、孔径 1.2—1.4 厘米
湖北天门谭家岭遗址出土
天门市博物馆藏

整体略呈橄榄形，上下贯通一孔，器壁厚。素面。

玉笄

W7 ： 2
肖家屋脊文化
长 6.5、最大径 0.67 厘米
湖北天门谭家岭遗址出土
天门市博物馆藏

笄身呈细长榫状，顶部有孔，尖端近圆锥状，笄尾处有蘑菇形笄帽，近笄尾处有六周凹棱和一周凸起与笄身相隔。

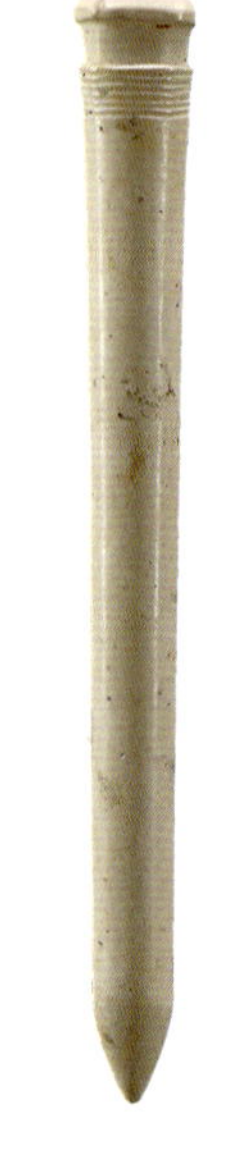

玉笄

M14 ： 5
肖家屋脊文化
长 15.7、最大径 0.72 厘米
湖南澧县孙家岗遗址出土
湖南省文物考古研究院藏

笄身细长，首端无榫，近平直，笄尾钝尖，截面呈方形。通体磨制光滑，素面无纹。

玉笄

M14 ： 8
肖家屋脊文化
长 9.8、最大径 0.86 厘米
湖南澧县孙家岗遗址出土
湖南省文物考古研究院藏

短柄，器身截面呈椭圆形，上端一段削成扁尖体。通体光滑。

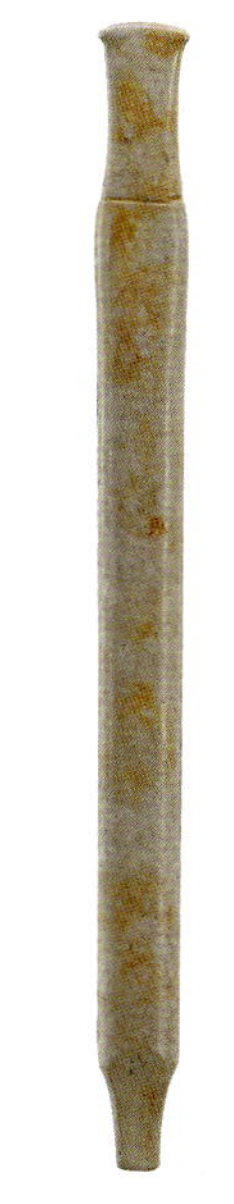

玉笄

M9 ： 1
肖家屋脊文化
长 10.6、最大径 1.2 厘米
湖南澧县孙家岗遗址出土
湖南省文物考古研究院藏

笄身细长，首端有榫，近榫处有两周凸棱，器身上粗下细，分为三段，中段有一喇叭形小穿孔。通体磨制光滑，素面无纹。

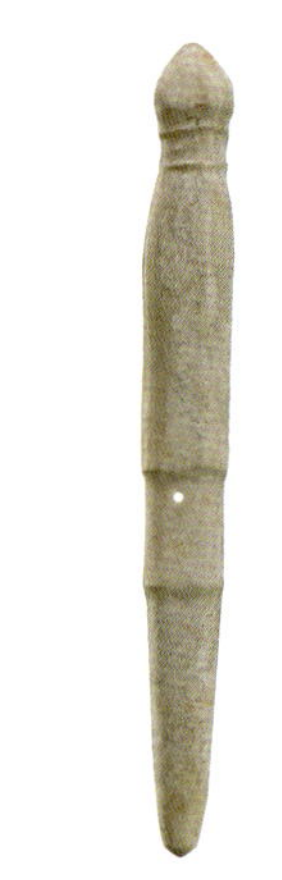

玉笄

M219 ： 1
肖家屋脊文化
长 15、最大径 1 厘米
湖南澧县孙家岗遗址出土
湖南省文物考古研究院藏

已断为三段，可拼合。笄身细长，首端有榫，中部有一周凸棱，将其分为上下两节，上粗下细。近凸棱处有两个穿孔，穿孔可能为单面钻。

玉牌饰

M80 ： 8
肖家屋脊文化
直径 2.7、厚 0.6 厘米
湖南澧县孙家岗遗址出土
湖南省文物考古研究院藏

灰白色不透明，多见黄沁。片状，圆形，正面微凸，背面磨平。背面前后两端凸出对称的耳状榫。素面无纹。
玉牌饰是肖家屋脊文化装饰类玉器中数量最多的一种，形制多样，多成对出现。

玉佩

W9 ： 8
肖家屋脊文化
直径 2.8、厚 0.4 厘米
湖北天门谭家岭遗址出土
天门市博物馆藏

正面略鼓，反面略凹，正面饰四个同心圆圈纹，透雕而成。侧面有一处小孔与反面相通。

长方形玉牌饰

M267 ：1
肖家屋脊文化
长 2.7、宽 2.4、厚 0.4 厘米
湖南澧县孙家岗遗址出土
湖南省文物考古研究院藏

灰白色不透明，多见黄沁。整体呈圆角长方形，磨制光滑，素面无纹。

玉配饰

M68 ：1
肖家屋脊文化
残长 2.4、残宽 1.8、厚 0.6 厘米
湖南澧县孙家岗遗址出土
湖南省文物考古研究院藏

白色不透明，局部有少量浅黄沁。片状，四周皆残断。多处镂空，一面多见减地阳线勾卷纹，另一面见减地与阴刻纹样。

玉璧

M9 ： 3
肖家屋脊文化
直径 9.6、厚 0.6 厘米
湖南澧县孙家岗遗址出土
湖南省文物考古研究院藏

平面近圆形，经打磨，片状，管钻大孔。素面无纹。

玉璧

M9 ： 4
肖家屋脊文化
直径 16.5、厚 0.9 厘米
湖南澧县孙家岗遗址出土
湖南省文物考古研究院藏

平面近圆形，经打磨，片状，管钻大孔。素面无纹。

玉璧

M335 ： 2
肖家屋脊文化
直径 1.8 厘米
湖南澧县孙家岗遗址出土
湖南省文物考古研究院藏

青灰色。整体呈扁平圆形，中有圆孔，中心孔径小于边宽，素面无纹。

玉璧

W3 ： 37
肖家屋脊文化
直径 4.4、孔径 1.8—2、厚 0.45 厘米
湖北天门谭家岭遗址出土
天门市博物馆藏

器形较小，扁平状圆形，中央有穿孔。制作规整，素面光洁。

玉纺轮

M8 ： 1
肖家屋脊文化
直径 3.1 厘米
湖南澧县孙家岗遗址出土
湖南省文物考古研究院藏

整体呈圆饼状，斜边，两面平整，中部有一相对较大穿孔，近底部有两个小穿孔，三个穿孔基本在一条直线上，可能均为单面钻孔。

陶罐

M142 ： 8
肖家屋脊文化
口径 13.8、腹径 32、底径 13、高 29 厘米
湖南澧县孙家岗遗址出土
湖南省文物考古研究院藏

夹砂红陶。直口，圆唇外凸，矮直领，圆鼓腹，平底。腹部饰浅网格纹。

陶罐

M142 ： 9
肖家屋脊文化
口径 13、底径 10、高 28 厘米
湖南澧县孙家岗遗址出土
湖南省文物考古研究院藏

夹砂黑衣红陶，黑衣有脱落。直口，圆唇外凸，矮领，圆鼓腹，下腹斜收，平底。肩部饰网格纹，腹部饰篮纹。

陶壶

M164 ： 6
肖家屋脊文化
口径 5.6、腹径 12、底径 6、高 18 厘米
湖南澧县孙家岗遗址出土
湖南省文物考古研究院藏

夹砂灰黑陶。上部近钵形，敛口，圆唇外凸，扁鼓腹，高圈足，圈足外撇。素面。

圈足盘

M164 ： 7
肖家屋脊文化
口径 24.8、底径 8、高 12.2 厘米
湖南澧县孙家岗遗址出土
湖南省文物考古研究院藏

夹砂灰黑陶。敞口，尖圆唇，浅弧腹，高圈足，底沿外撇。圈足上饰凸棱。

陶盆

M164 ： 10
肖家屋脊文化
口径 22.2、底径 12.6、高 8.6 厘米
湖南澧县孙家岗遗址出土
湖南省文物考古研究院藏

夹砂黑衣橙黄陶，黑衣大部分脱落。器体有变形。敛口，斜弧腹，圜底近平。素面。

王朝诞生前夜的新发现

龙山文化晚期，嵩山东南地区坐落着若干区域聚落群。其中位于颍河中上游的区域性中心聚落瓦店遗址面积达 100 万平方米以上，王城岗遗址大城面积达 30 多万平方米，遗址周围分布着许多同时期的小遗址，大、中、小型聚落呈金字塔式分布。

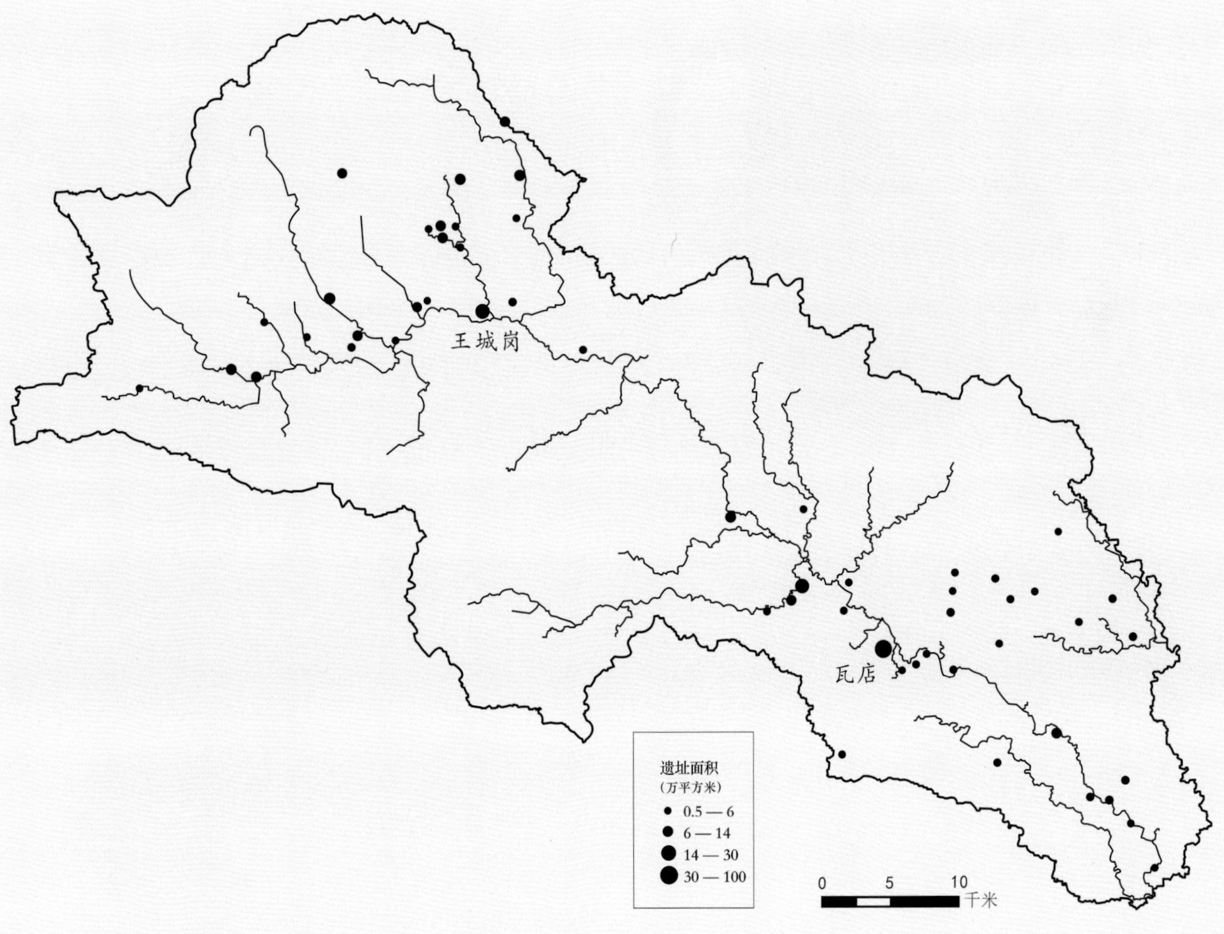

颍河中上游地区龙山文化聚落分布示意图（采自张海：《中原核心区文明起源研究》，上海古籍出版社，2021 年）

陶单耳罐

F4 窖藏坑：1
龙山时代
口径 9.8、腹径 12.6、高 12 厘米
河南登封王城岗遗址出土
河南省文物考古研究院藏

夹砂褐陶。侈口，圆唇，高领，鼓肩，腹部近斜直，平底。宽带状鋬，鋬上有数道刻划纹，领部有两周凹弦纹。

陶匜

F4 ②：9
龙山时代
口径 22、底径 11.2、高 10 厘米
河南登封王城岗遗址出土
河南省文物考古研究院藏

泥质灰陶。侈口，沿面内凹，流较窄，弧腹，平底。内壁近口沿处有两周弦纹。

陶鼎

F4②：10
龙山时代
口径 21.7、腹径 26.9、高 24.8 厘米
河南登封王城岗遗址出土
河南省文物考古研究院藏

夹砂灰陶。敞口，折沿，沿面内凹，垂腹，圜底，附三矮足。器表饰方格纹。

陶瓮

H1038 ③：18
龙山时代
口径 17.7、腹径 33.6、底径 9.5、高 34.5 厘米
河南登封王城岗遗址出土
河南省文物考古研究院藏

泥质灰陶。口近直，圆唇，高直领，弧肩，深鼓腹，小平底。肩部以上磨光，腹部饰篮纹。

人面陶塑

WD2T3847H129 ③：11
龙山时代
最宽 6、颈部宽 3.7、高 11 厘米
河南禹州瓦店遗址出土
河南省文物考古研究院藏

泥质红褐陶。整体造型细长，眼睛和嘴巴刻画简略，鼻梁高挺，两耳较为对称，耳部细节特征刻画简略，下巴微内凹。

陶单耳杯

WD2T3949H121 ④：1
龙山时代
口径 10.3、底径 10.5、高 15 厘米
河南禹州瓦店遗址出土
河南省文物考古研究院藏

泥质灰陶。口近直，圆唇，高领，领部内收，腹部近斜直，腹部有一环形把手，底周边起台。腹部饰有戳印纹，把手上饰两道凸弦纹。

陶鼎

WD6T0525W14 ： 1
龙山时代
口径 19、最大径 26、高 22 厘米
河南禹州瓦店遗址出土
河南省文物考古研究院藏

夹砂灰褐陶。尖圆唇，斜折沿，垂腹，圜底，锥形矮足。器表饰篮纹。

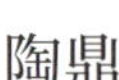

陶鼎

WD2TG9F2
龙山时代
口径 15.1、最大径 18、高 19 厘米
河南禹州瓦店遗址出土
河南省文物考古研究院藏

夹砂灰褐陶。方唇，斜折沿，鼓腹，圜底，凿形足。腹部饰篮纹，足部有五个凹窝。

陶瓮

WD2T4049H274 ①：1
龙山时代
口径 17.8、最大径 40、底径 11.4、高 32 厘米
河南禹州瓦店遗址出土
河南省文物考古研究院藏

泥质灰陶。厚圆唇，微侈口，广肩，鼓腹，下腹急收，小平底。肩上近颈部位置有三个鹰嘴鋬。肩部饰两周凹弦纹，弦纹之间填充篮纹，腹中部饰一圈凹弦纹，弦纹以下饰篮纹。

融合与创新是龙山文化晚期中原地区的时代特征，也是促成二里头文化形成的主要动因。瓦店遗址发掘出土了一批具有多元文化特征的遗物，体现了多元文化的融合和不同人群的聚集。瓦店遗址出土的陶鬶是海岱地区常见的典型器物，玉虎首明显受到了肖家屋脊文化影响，而折腹觚形器则为山东龙山文化的觚形杯融合了屈家岭—石家河文化传统的折腹器风格的创新，体现了“东方文化系统”与“南方文化系统”的结合。

陶鬶

WD6T0726H480①：3
龙山时代
宽 14.5、高 30 厘米
河南禹州瓦店遗址出土
河南省文物考古研究院藏

夹砂红褐陶。鸟喙状高仰流，口微侈，圆唇，高领，口部与流部交接处贴塑一对铆钉，口沿下对称置两横耳，三袋状足，足尖为锥状实心，把手上接颈部，下接一袋足上。颈部饰四道凹弦纹，把手上饰数道刻划纹。

陶觚形器

WD2T3949H121③：1
龙山时代
口径 7.8、底径 5.8、高 14 厘米
河南禹州瓦店遗址出土
河南省文物考古研究院藏

泥质灰褐陶。敞口，折弧腹，圈足外撇，底周边起台。

陶觚

瓦店ⅠT8H49
龙山时代
口径12.9、底径8、高35厘米
河南禹州瓦店遗址出土
河南省文物考古研究院藏

泥质磨光黑陶。喇叭形口，折腹，圈足外撇。器身饰五道竹节纹及较多细凹弦纹。

玉虎首

2021WD6T0627H34 ：1
龙山时代
边长 3.2、厚 2 厘米
河南禹州瓦店遗址出土
河南省文物考古研究院藏

阔面鼓腮，额顶呈“介”字形，两侧有尖凸，鼻宽大，鼻梁与眉弓相连，耳廓近似树叶形，耳角向上方伸出。

距今 3800 年，历史的车轮碾过了新槛，万邦林立、满天星斗的古国时代轰然谢幕，中国乃至东亚第一个王朝国家——夏诞生了，据研究，二里头遗址极有可能就是其中晚期的都城。与前一阶段融汇四方的特征不同，二里头文化呈现出辐射四方的王朝气象。至此，中国历史开启了以中原地区为中心的王朝时代，中华文明也完成了由多元到一体的伟大转型。二里头文化并不孤独，周围一些地区也进入了青铜时代。发展到商代时期，华夏文明愈发繁荣昌盛，为秦汉以降天下一统的帝国时代奠定了基础。

万流归宗——夏商王朝的恢弘气象

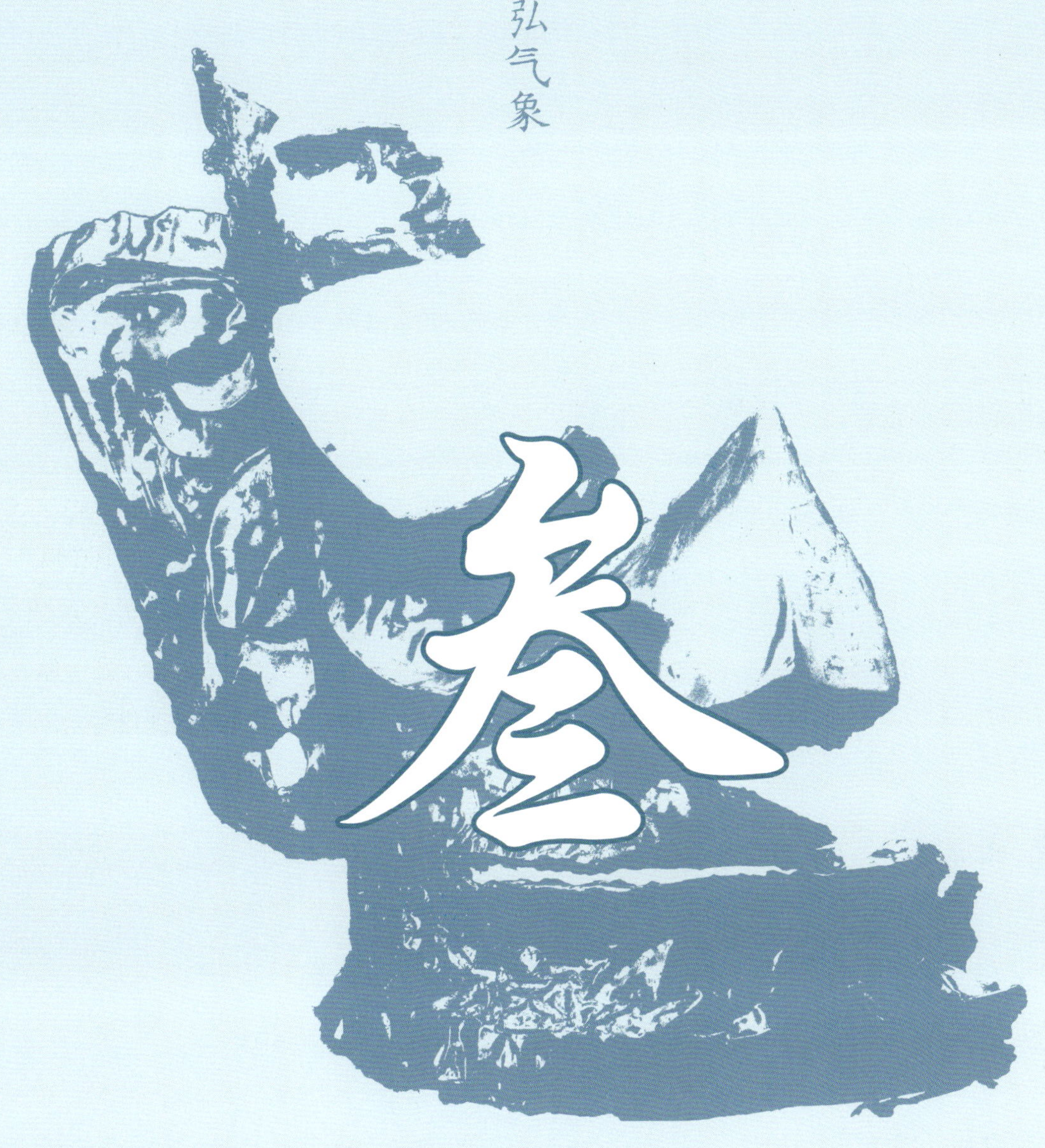

月明星稀

煌煌大商

古蜀华章

一月明星稀

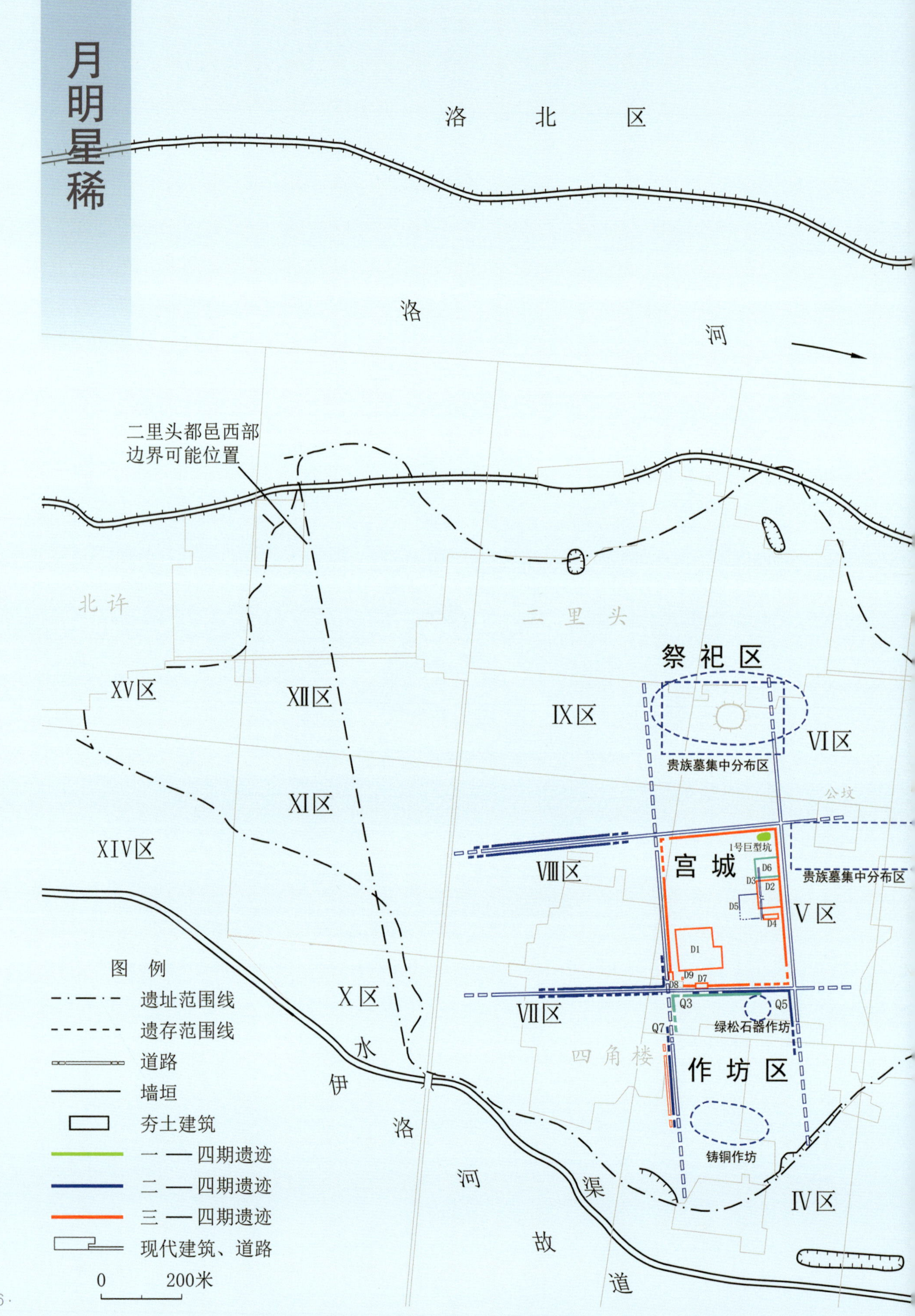
洛 北 区
洛
河
二里头都邑西部
边界可能位置
北许
二 里 头
祭 祀 区
XV区
XII区
IX区
VI区
贵族墓集中分布区
公坟
XI区
XIV区
1号巨型坑
宫 城
D6
VIII区
D3
D2
贵族墓集中分布区
D5
D4
V区
D1
图 例
D9
D7
D8
遗址范围线
X区
VII区
Q3
Q5
遗存范围线
Q7
绿松石器作坊
道路
水
四角楼
作 坊 区
墙垣
伊
夯土建筑
洛
铸铜作坊
一 — 四期遗迹
河
渠
IV区
二 — 四期遗迹
三 — 四期遗迹
故
现代建筑、道路
0
200米
道

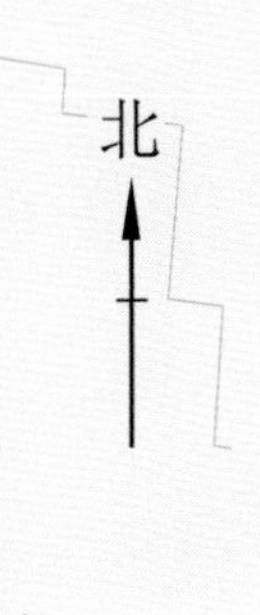

在广泛吸收周边先进文化因素的基础上，强势崛起的中原地区不断进行文化整合，诞生了二里头文化，建造了史无前例的都城，以宫城为中心规划了九宫格式城市布局：贵族居住区、祭祀区、官营手工业作坊等，三期以后更是形成了一整套青铜礼乐器物群。以二里头遗址为中心，二里头文化辐辏八方，迅速扩张，呈现出王朝气象。与万邦林立的龙山时代不同，本阶段二里头文化相对于周围地区一枝独秀，引领四方，只有海岱地区的岳石文化尚可与之分庭相抗，但文化发展上则已明显落后。

城

前李

二里头都邑多网格式布局示意图（采自国家文物局主编：《考古中国重大项目成果（2022）》，文物出版社，2023 年）

赫赫夏都

二里头遗址

二里头遗址位于河南洛阳盆地中东部，现存面积约 300 万平方米，距今约 3800—3500 年，是中国乃至东亚地区最早具有明确规划的广域王权国家都城。其严整有序的都城布局，大型宫殿建筑所呈现出来的宫室制度，贵族墓葬所体现的墓葬制度，中国最早的青铜礼器群和承上启下的玉礼器群，绿松石龙形器、铜牌饰、玉钺等代表王权的高等级物品，尽显统领天下的王朝气象。

陶鼎

1986YLVIH29 ： 14
二里头文化
口径 15.4、宽 17.5、高 20.7 厘米
河南偃师二里头遗址出土
二里头夏都遗址博物馆藏

夹砂灰褐陶。敞口，折沿，沿面内凹，束颈，鼓腹，圜底，扁三角足，足外侧有捏痕。腹部饰篮纹。

陶象鼻盉

2002YLVT16H57 ：3
二里头文化
最大径 15、底径 8.6、高 21.4 厘米
河南偃师二里头遗址出土
二里头夏都遗址博物馆藏

泥质黑灰陶，有磨光。盉体为壶形，顶部似象头，圆鼓，呈半球形，长冲天流形似象鼻，小泥饼作为“眼睛”，后部有一半圆注口，扁球形圆腹，腹下部内收。器身分布有弦纹、凸棱数周，肩、腹部饰篮纹。器形工整，造型精巧。

陶大口尊

1985YLVT40H25 ： 12
二里头文化
口径 29、高 34 厘米
河南偃师二里头遗址出土
二里头夏都遗址博物馆藏

泥质灰陶。侈口，束颈，折肩，斜弧腹，圜底。肩部有一周附加堆纹，腹部饰绳纹和多周凹弦纹。

陶缸

1986YLVIH5 ： 19
二里头文化
口径 39、高 39.8 厘米
河南偃师二里头遗址出土
二里头夏都遗址博物馆藏

夹砂灰陶。侈口，宽沿，弧腹，圜底。器表饰粗绳纹和六周附加堆纹。

陶鬶

1982XLIXM90 ： 1
二里头文化
口径 13.5、高 25.5 厘米
河南偃师二里头遗址出土
二里头夏都遗址博物馆藏

泥质白陶，微泛黄色。口前有流，平沿，微束腰，袋状瘦足，扁带状錾手。腰部饰一周凸弦纹，錾手饰山字形刻划纹。

原始瓷盉

2002YLVT14M5 ：1
二里头文化
高 13、宽 12.7 厘米
河南偃师二里头遗址出土
二里头夏都遗址博物馆藏

夹细砂灰胎，青釉。口残，高领，溜肩，鼓腹，平底。颈部饰两周凸棱，腹部外壁拍印雷纹。

铜爵

1985YLVIM14 ： 6
二里头文化
流至尾长 17.2、底长 6.5、底宽 5.5、高 17.1 厘米
河南偃师二里头遗址出土
二里头夏都遗址博物馆藏

窄长流，尖尾，细腰偏上，平底，矮足。薄胎。口缘稍厚，流、口、尾部较平直。鋬呈半圆形，上部较宽，鋬面有两个长形镂孔，下端未到器底。下附三足，一足与鋬相对。爵表面粗糙，素面。具有早期青铜器的特点。

铜爵

78ⅤKM8 ： 1
二里头文化
流至尾长 15、底长 5.8、底宽 3.3、高 15 厘米
河南偃师二里头遗址出土
二里头夏都遗址博物馆藏

窄长流，流口稍厚，器口内凹，尖尾较短。细腰，椭圆形平底，两端稍尖。鋬较宽，两侧内折，内夹红色陶范残块。鋬面有两个长形镂孔，下端接近器底。三棱锥形足，一足外撇，一足半折，焊接部分短粗，鋬下之足残。腹两侧、流下部、底周边、器足和鋬内侧有明显的范痕。

铜刀

72YLⅤH51 ： 2
二里头文化
残长 3.8、宽 1.1 厘米
河南偃师二里头遗址出土
二里头夏都遗址博物馆藏

长条形，薄平，上窄下宽，器身微弧，斜刃。

铜锛

1963YLⅣH57C ： 27
二里头文化
长 5.2、宽 1.1 厘米
河南偃师二里头遗址出土
二里头夏都遗址博物馆藏

长条形，平顶，体薄平，一侧略斜，单面刃。

铜镞

2002YLVT19H113 ： 2
二里头文化
通长 6.4、翼长 3.9、残宽 2.1、铤长 2.1、铤部直径 0.6 厘米
河南偃师二里头遗址出土
二里头夏都遗址博物馆藏

两侧有刃，扁圆粗铤，前锋稍残。

铜镞

1973YLVH101 ： 6
二里头文化
长 8.4、宽 2.5 厘米
河南偃师二里头遗址出土
二里头夏都遗址博物馆藏

镞体前端近似三角形，两侧有刃，前聚成锋，两翼后有倒钩，脊部突起，脊剖面呈菱形，铤部为四棱锥形长铤。

玉柄形器

84YLVIT4M11 ： 28
二里头文化
残长 14、宽 2.5、厚 1.1 厘米
河南偃师二里头遗址出土
二里头夏都遗址博物馆藏

青玉，光润。扁平长条形，由柄首和柄身构成。柄部内曲，有一周凸弦纹，平顶。器身下部窄并微内曲，末端平薄，有一圆孔。

绿松石串珠（18 枚）

84YLVIM6
二里头文化
河南偃师二里头遗址出土
二里头夏都遗址博物馆藏

选用色泽翠绿纯正的绿松石制作。串珠形态各异，其中包括大扁珠、小扁珠、柱形珠等。抛光技术良好，制作精巧细致，体现了二里头文化时期高超的制作技术。

骨簪

2006YLVT121H455 ：1
二里头文化
长 14.1、宽 2.2 厘米
河南偃师二里头遗址出土
二里头夏都遗址博物馆藏

残，三股钗形，四棱尖齿，末端扁平。上有刻花，制作较为精细。

牙器

2006YLVT117 剖⑤ c ：13
二里头文化
残长 4.3、宽 0.92、凹槽宽 0.32 厘米
河南偃师二里头遗址出土
二里头夏都遗址博物馆藏

扁圆锥形，钝尖，尖部略残。

夷夏东西

与二里头文化同时，东夷先民创造的岳石文化（距今约 3800—3400 年）亦进入了早期青铜时代。考古发现表明两种文化多有互动，形成了东西对峙的局面。这一阶段，随着中原成熟国家的出现，岳石文化展示出不同于龙山文化的社会变化——面对中原王朝的压力时，海岱地区的东夷先民采取了有针对性的策略。

陶豆

H16 ：3
岳石文化
口径 18.8、底径 13、高 21.2 厘米
山东章丘城子崖遗址出土
山东省文物考古研究院藏

泥质灰陶。浅盘，盘底内凹，喇叭口形圈足。盘沿内侧和柄上部饰一周凹弦纹，盘内壁有一周凸棱，柄下部饰两周凹弦纹，圈足上部饰一周凹弦纹。

豆是岳石文化的主要盛食器，也是岳石文化最具标志性特征的器物，数量最多。其特征为豆盘内壁多饰一周凸棱，豆柄较粗，多饰凸棱纹或凹弦纹数周。

陶罐

TG22 ⑨：2
岳石文化
口径 11.5、底径 8、高 11 厘米
山东章丘城子崖遗址出土
山东省文物考古研究院藏

夹砂黑陶。近直筒形，圆唇，斜直腹，平底。

陶罐

TG24 ㉑：2
岳石文化
口径 13、底径 8.9、高 12 厘米
山东章丘城子崖遗址出土
山东省文物考古研究院藏

夹砂灰黑陶。敛口，腹部微鼓，平底。素面。

陶盆

G28 ：16
岳石文化
山东章丘城子崖遗址出土
口径 16、底径 7.5、高 9.5 厘米
山东省文物考古研究院藏

泥质黑陶。大口，束颈，宽折沿，沿边微卷，腹上部微鼓，腹下部斜收，平底。素面。

陶盆

TG23 ⑲：4
岳石文化
山东章丘城子崖遗址出土
口径 14.5、底径 6.3、高 9 厘米
山东省文物考古研究院藏

泥质黑陶。大口，束颈，宽折沿，沿边微卷，腹上部微鼓，腹下部斜收，平底。素面。

陶埙

H49④：2
岳石文化
宽 3.5、高 7 厘米
山东章丘城子崖遗址出土
山东省文物考古研究院藏

泥质黑灰陶。近橄榄核形，一端有一孔，器身中部开有一小孔。陶埙是吹奏乐器，气流吹入吹孔而发声。

陶器盖

G41 ：10
岳石文化
直径约 10.5、高 3 厘米
山东章丘城子崖遗址出土
山东省文物考古研究院藏

夹砂黄褐陶。圆饼形，中部有一乳钉形盖纽。器盖表面有交错的斜向旋转篦刮纹。

石铲

TN11E51
岳石文化
宽 6.5、高 11 厘米
山东章丘城子崖遗址出土
山东省文物考古研究院藏

有肩石铲，器身宽而扁平，阔面，单面刃，刃部微呈弧形。

石铲

H489 ： 1
岳石文化
通宽 9、通高 14.5 厘米
山东章丘城子崖遗址出土
山东省文物考古研究院藏

有肩石铲，形状近梯形，体形较扁，两侧边缘略薄，一端平，一端圆弧刃，刃部较为锋利。

夏商王朝冶铜遗址新发现

夏及早商时期是中原地区青铜文明逐渐发展并得以迅速壮大的关键阶段。西吴壁遗址所在的晋南地区专事铜矿的开采与冶炼，青铜礼器等“国之重器”的铸造则主要集中于王朝腹地的都城。

铜斝

M8 ∶ 1
商代
口径 15、底径 11.7、高 23.3 厘米
山西绛县西吴壁遗址商代墓地出土
中国国家博物馆垣曲工作站藏

敞口，尖唇，缘面有一周凸棱，口沿上置双柱，菌状柱帽，上腹向下收束成束腰，近束腰处饰两道凸弦纹，下腹外侈，与双柱相对一侧置拱形鋬连接上、下腹部，圜底下接三个横截面近四棱形的半空足。

铜爵

M8 ：2
商代
口径 12.6、底径 7、高 14.4 厘米
山西绛县西吴壁遗址商代墓地出土
中国国家博物馆垣曲工作站藏

敞口，槽状流略微上扬，流与口之间置三棱状矮柱，新月形柱帽，一柱残失，短尖尾略上翘，上腹近直，下腹外鼓，上下腹间以一扁拱形鋬相连，其中部曾以补铸相连，平底，下接三个略向外撇的尖锥状足。上腹部饰三道凸弦纹。

铜镞

M8 ： 9
商代
长 8.7、双翼宽 2.2 厘米
山西绛县西吴壁遗址商代墓地出土
中国国家博物馆垣曲工作站藏

脊截面近菱形，燕尾形双翼，后锋尖锐，下有圆柱形铤。

铜镞

M8 ： 10
商代
长 7.3、双翼宽 2.7 厘米
山西绛县西吴壁遗址商代墓地出土
中国国家博物馆垣曲工作站藏

脊截面近菱形，燕尾形双翼较短宽，下有菱形铤，铤部可见有机质横向缠绕痕迹。

铜镞

M8 ： 11
商代
长 7.6、双翼宽 2.4 厘米
山西绛县西吴壁遗址商代墓地出土
中国国家博物馆垣曲工作站藏

脊截面近菱形，燕尾形双翼不对称，下有菱形铤。

铜炼渣（8块）

商代

直径约2厘米

山西绛县西吴壁遗址 H33 出土

中国国家博物馆垣曲工作站藏

石锤

H102 ： 1
商代
上部直径 3.8—4.6、残高 10.6 厘米
山西绛县西吴壁遗址出土
中国国家博物馆垣曲工作站藏

砾石制成。握持部分为圆柱体，锤头略呈蒜头形。

石砧

H325 ： 20
商代
残长 23.8、残宽 14、厚 7 厘米
山西绛县西吴壁遗址出土
中国国家博物馆垣曲工作站藏

由个体较大的砾石制成。有打击导致凹陷的明显痕迹，残损严重。

陶鼎

M8 ： 4
商代
口径 13.2、高 18 厘米
山西绛县西吴壁遗址商代墓地出土
中国国家博物馆垣曲工作站藏

夹细砂灰黑陶。侈口，折沿，圆唇，口沿上置两竖耳，一耳对足，另一耳在另外两足中点的延长线上，形成所谓“耳足四点配列式”，鼓腹，圜底下接三锥足。腹上部饰两周凹弦纹。底部可见烟炱。

二 煌煌大商

承继夏王朝，以中原为中心的商王朝国家实力与文化影响进一步扩大。商文化大体可分三段，早期二里岗阶段持续扩张，领土广大；中商阶段五次易都，实力衰减；盘庚迁殷后，社会文化繁荣昌盛，创造了发达的青铜文明。

巍巍亳都

郑州商都书院街商代墓地

郑州商城是商王朝的前期都邑所在。新发现的郑州商都书院街商代墓地是一处结构清晰、功能完备、具有兆域性质的商代中期高等级贵族墓地。共清理墓葬 28 座，其中 M2 出土铜器、玉器、金器、箭镞、贝币、绿松石以及黄金绿松石牌饰等 200 余件文物，是郑州商城目前出土随葬品最多、种类最丰富、等级最高的贵族墓葬，其出土的多件黄金用品反映了商时期东西方的文化交流和密切联系。

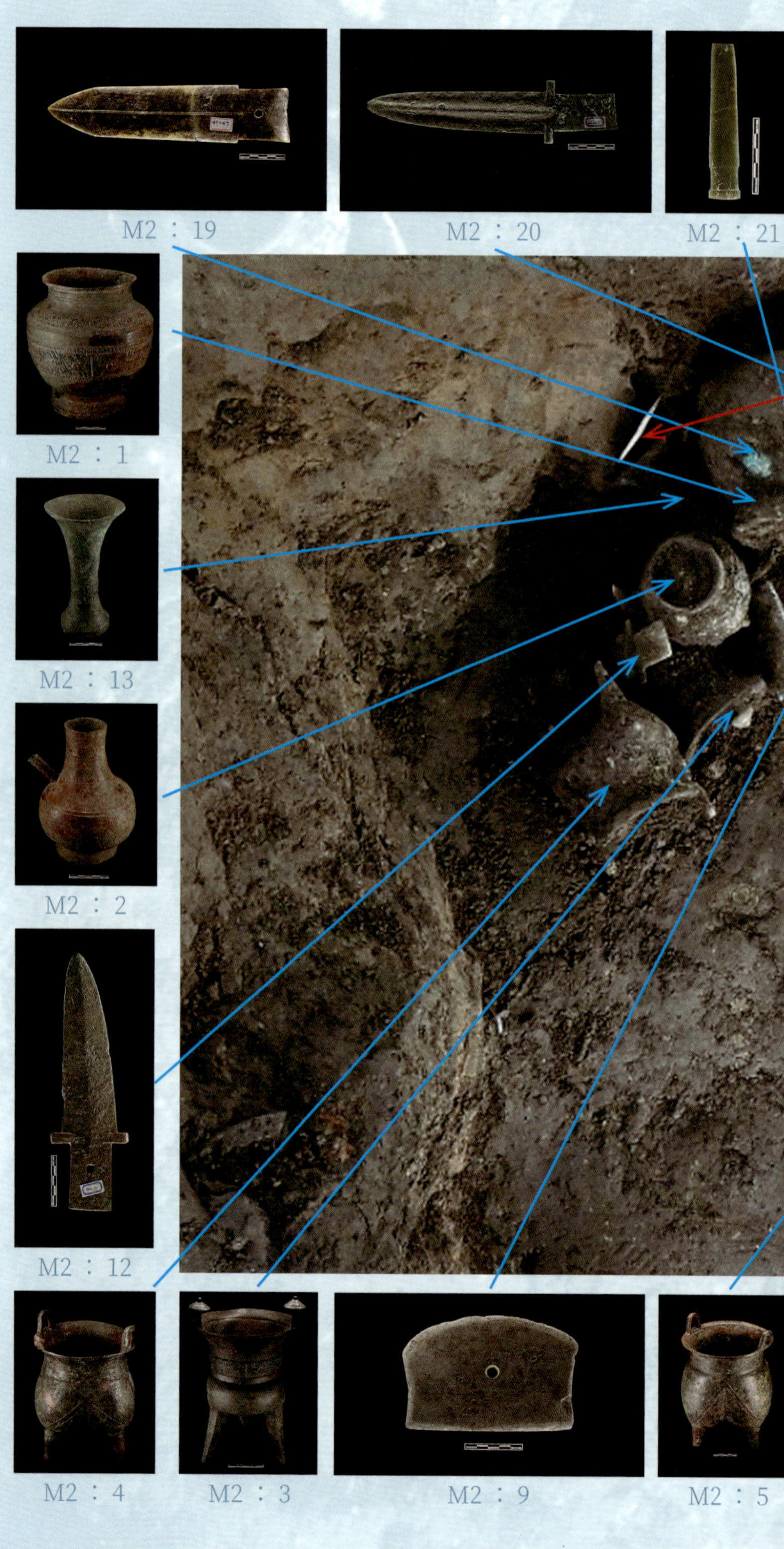

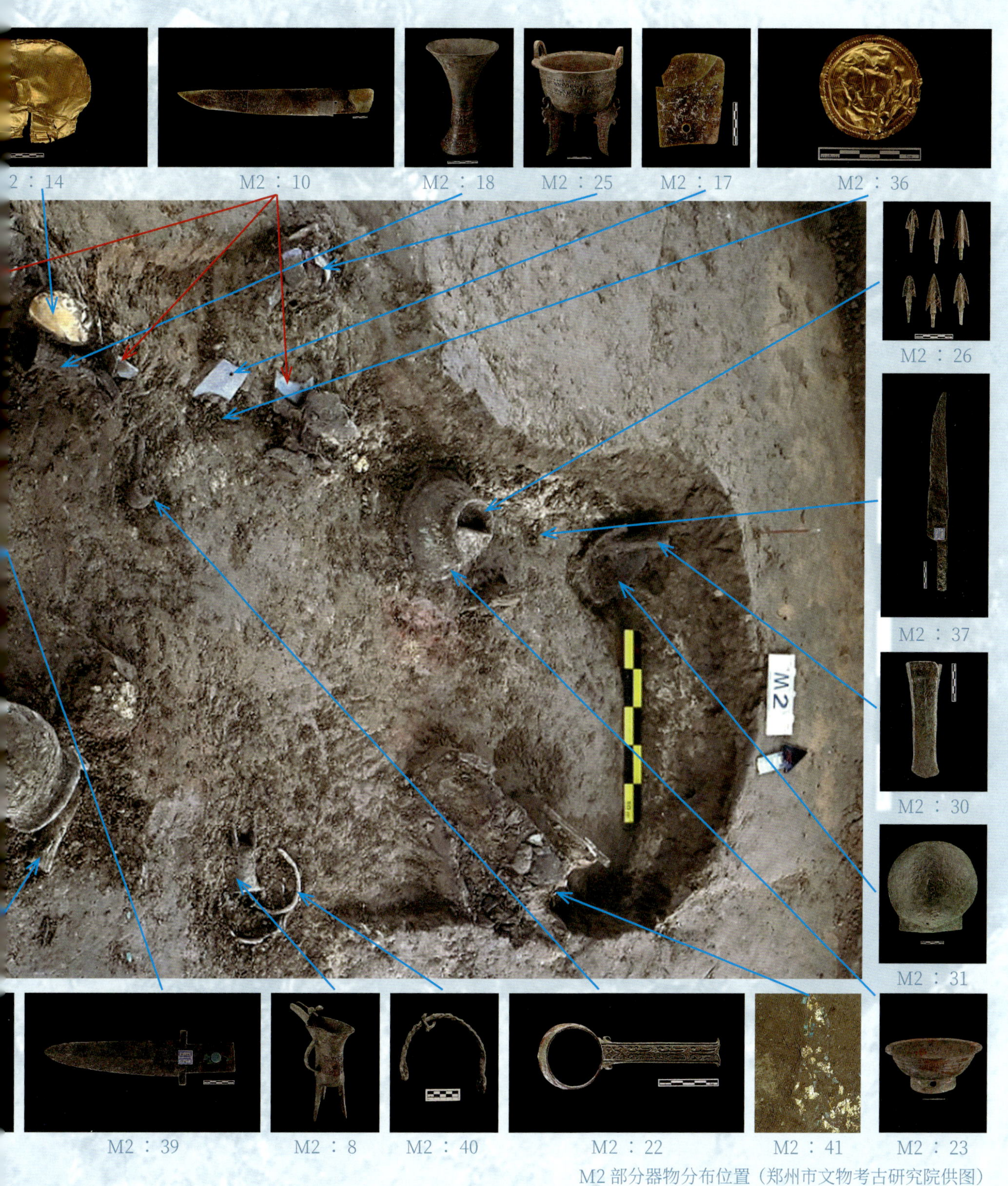

M2 部分器物分布位置（郑州市文物考古研究院供图）

铜鼎

M2 ： 25
商代
口径 18.3、高 23 厘米
郑州商都遗址书院街墓地出土
郑州市文物考古研究院藏

敞口，方唇，折沿，立耳，其中一耳与一足对应，圆腹，圜底，下有三个扁状夔足。器腹饰兽面纹一周，上下界以联珠纹。

铜鬲

M2 ： 4
商代
口径 12.8、底径 8.5、高 21.3 厘米
郑州商都遗址书院街墓地出土
郑州市文物考古研究院藏

侈口，方唇，折沿，立耳，束颈，分裆袋足，锥形足根。颈部饰三组兽面纹带，腹部饰三组双线人字形纹。

铜罍

M2：1
商代
口径 17.2、腹径 24.3、底径 15.2、高 24.5 厘米
郑州商都遗址书院街墓地出土
郑州市文物考古研究院藏

口微敞，方唇，高颈，折肩，鼓腹，高圈足。颈部饰凸弦纹两周，肩部饰中为夔纹、上下为联珠纹的纹饰带一周，腹部饰中为兽面纹、上下为联珠纹的纹饰带一周，圈足饰夔龙纹一周，有镂孔隔断。

罍是盛酒器或盛水器，分为圆体和方体两种，基本形制为小口、斜肩、深腹、小平底或圈足，肩上带双耳者常见。铜罍器身、盖等部位常见复杂的纹饰。始见于商代，流行至春秋时期。

铜斝

M2 ∶ 3
商代
口径 15.8、宽 16.9、高 24.6 厘米
郑州商都遗址书院街墓地出土
郑州市文物考古研究院藏

侈口，束颈，壁较厚，两菌状矮柱。颈部下收，弧腹，平底，深腹下有三棱锥状空心足，有鋬。柱顶饰涡纹，颈部饰兽面纹。

铜爵

M2 ：8
商代
高 18、宽 16 厘米
郑州商都遗址书院街墓地出土
郑州市文物考古研究院藏

宽折沿，前有宽流，后有尖尾，菌状柱立于流后口上，深腹，下有三锥状足，微外撇。腹部饰兽面联珠纹。

爵是酒器中最常见的一种，有温酒器、分酒器、饮酒器等不同的认识。夏代已出现，商代晚期至西周早期流行。

铜觚

M2 ： 13
商代
口径 12.8、底径 8.5、高 21.3 厘米
郑州商都遗址书院街墓地出土
郑州市文物考古研究院藏

喇叭形敞口，细长柄，高圈足，有台座。下腹部饰兽面联珠纹、兽面纹，圈足上部饰凸弦纹三周，间隔分布的十字镂孔将最上面一条弦纹隔断。

觚，酒器，用于饮酒或盛酒。主要流行于商代，常与爵同时出土。

铜盉

M2 ∶ 2
商代
口径 6、腹径 13.8、底径 9.1、高 18.3 厘米
郑州商都遗址书院街墓地出土
郑州市文物考古研究院藏

口近直，束颈，管状长流，深鼓腹，圈足。颈部近肩部内壁铸有两个对称桥形鋬，颈部饰三周凸弦纹，腹上部饰两周凸弦纹，下部饰一周凸弦纹。

此件铜盉内壁铸有两个桥形鋬，是目前所见商代铜盉中的孤例。有学者推测桥形鋬应为过滤酒糟的固定装置，具体操作方式可能是将香茅等植物叶片插入鋬中使浊酒从香茅上方浇入，既过滤酒糟又可增加清酒的香气。

铜盘

M2 ： 23
商代
口径 25、底径 12.7、高 11 厘米
郑州商都遗址书院街墓地出土
郑州市文物考古研究院藏

敞口，方唇，折沿，浅腹，底近平，高圈足。腹饰三周凸弦纹，圈足饰两周凸弦纹，有镂孔将其隔断。

盘，盛水器，与盉或匜配合使用，以盉或匜中的水浇手，以盘接水。商代出现，一直流行至战国。

金泡

M2 ：36
商代
直径 5.2、高 0.8 厘米
郑州商都遗址书院街墓地出土
郑州市文物考古研究院藏

体薄，平面呈圆形，中部上鼓。边缘饰一周联珠纹，有四个从正面向背面錾刻的对称穿孔，仅一孔较为规整，为圆形，余皆不规整。背面边缘有不明黑色物质。

经研究，此金泡系剪裁为圆形后打磨边缘，从背面向正面凿出一圈较为规整的密集小凸起。推测为实用器。背面边缘的不明黑色物质，可能为烧灼后碳痕。

玉鱼

M2 ： 34
商代
长 5.49、宽 2.12 厘米
郑州商都遗址书院街墓地出土
郑州市文物考古研究院藏

黄绿色，重度受沁。闭口，圆眼，弓背，鳍竖立。鱼眼双面实心钻孔，眼、鳃、鳞等经过减地打磨，表现了较为高超的琢玉工艺。

玉饰

M2 ：33
商代
长 8、宽 4.25 厘米
郑州商都遗址书院街墓地出土
郑州市文物考古研究院藏

透闪石，灰白色，轻度受沁。片状，造型写意，有学者推测可能为玉猪。

有学者认为，此件玉器背部弧线似为圆孔旧器的一段，腿部及尾部极可能是旧器直线边缘残留部分，推测可能是玉钺损坏后重新进行设计，再运用线切割技术锼锯而成腿部、尾部等，头部造型切口处可能使用锯片。说明当时玉工能够根据设计图案的不同特征，灵活运用多种加工工艺对旧器进行改制。

玉柄形器

M2 ： 11
商代
长 14.9、宽 2.5 厘米
郑州商都遗址书院街墓地出土
郑州市文物考古研究院藏

黄绿色，微受沁。片状，扁平长条形，由柄首和柄身构成。

玉柄形器为二里头文化至春秋时期常见的玉质礼器。自夏代开始出现，在目前出土的玉器中占有数量上的优势，形制较为朴素；商代玉柄形器数量增多，器形与纹饰也更加丰富；到西周时期，复合体玉柄形器出现，其装饰功能进一步增强。三代时期玉柄形器围绕中央统治区进行分布，夏代以偃师二里头为中心，商代以殷墟为中心，西周时期的玉柄形器主要分布于河南、陕西、山西等地。

煌煌殷都

殷墟遗址

位于河南省安阳市西北郊的洹河南北两岸，是商代晚期的都城遗址，面积约 30 平方公里。考古发现了设施完备的都城遗址、气势恢宏的宫殿群、规模庞大的王陵区、高度发达的青铜器、系统成熟的甲骨文，展现了商代辉煌的文明成就。近年来考古工作者在殷墟及外围开展的聚落考古取得了诸多重要新发现，围绕商王陵及周边区域的新的考古勘探工作让殷墟的城市规划布局更加清晰，学界对商代都城制度、墓葬制度、祭祀制度，以及建筑、水利、精神信仰等方面的研究得以不断深化。

东围沟内祭祀坑 K23（中国社会科学院考古研究所供图）

铜觚

K23 ： 14
商代
口径 14、底径 8.5、高 24 厘米
河南安阳殷墟遗址祭祀坑 K23 出土
中国社会科学院考古研究所藏

喇叭口，细柄，高圈足，有台座。纹饰可分为五段，口、腹上部饰蕉叶纹，填以雷纹，蕉叶纹下饰一周雷纹。腹部饰四个夔龙，两个一组，以扉棱为轴对称分布。圈足上部饰一条窄纹饰带，中部为夔龙纹，相向排列，下面为四个大的夔龙纹，相向排列，夔首朝右。圈足上部与底相接处、扉棱下有两个镂孔。圈足内壁近底部铸铭“鼎”字，阴文，应为氏名。

铜爵

K23 ： 6
商代
流、尾间距 18.1、最宽 17.65、足高约 10.4、通高 20.35 厘米
河南安阳殷墟遗址祭祀坑 K23 出土
中国社会科学院考古研究所藏

流、尾上翘，流长而深，流两侧各立一个圆柱半剖式矮柱，伞形钮，尾较短，深腹圜底，三棱形足，一足上的腹部接一鋬。腹中部饰四个夔龙纹，两个一组，以凸起的柱形鼻为轴对称分布，两首相对，主纹、地纹界限不清，纹饰较细。鋬侧腹外壁范铸“鼎”字，阴文。

玉戈

K23 ： 9
商代
长 18.4、宽 6.13、厚 0.5 厘米
河南安阳殷墟遗址祭祀坑 K23 出土
中国社会科学院考古研究所藏

软玉质。片状，直内式，援与内宽而短，援中间微凸起，援与内相接处有一个圆孔。

玉虎

K23 ： 8
商代
长 16.45、宽 7.75、厚 0.52 厘米
河南安阳殷墟遗址祭祀坑 K23 出土
中国社会科学院考古研究所藏

软玉质。片状，为虎的侧面形象，伏卧状，大眼，张口，卷尾。背和尾部边缘为歧齿状，躯体中间以阴线刻出肢体轮廓和虎皮花纹。造型生动活泼。

玉螳螂

K23 ： 3
商代
长约 5.7、宽 1.93、高 1.8 厘米
河南安阳殷墟遗址祭祀坑 K23 出土
中国社会科学院考古研究所藏

软玉质。片状，为螳螂的侧面形象，蜷腿作伏地状。表面阴刻有花纹。

三 古蜀华章

商王朝以中原地区为中心熠熠生辉，其他地区也存在着发达的地域文明，以三星堆遗址为代表的古蜀文明即为代表之一。自20世纪三星堆“一醒惊天下”之后，近几年的新发现再次惊艳世人，不仅展示了古蜀文明的丰富内涵，更是见证了三星堆遗址与其他地区密切的文化交流互动，是中华文明多元一体、兼收并蓄的有力实证。

三星堆遗址

位于四川省广汉市西郊，地处成都平原北部沱江流域，面积约12平方公里，是古蜀先民创建的古蜀国中心都邑，其城墙体系、居住区、作坊点、墓葬群以及器物坑等，规模庞大，布局严整、功能清晰。作为大型宗教祭祀活动产物的器物坑出土众多青铜重器，说明青铜冶铸技术已十分成熟。精美的出土文物在生动展现古蜀文明特色的同时，亦有许多与周边地区尤其是中原地区密切交流的元素，足证以三星堆遗址为代表的古蜀文明作为中华文明的重要组成部分在当时已发展到相当的高度。

三星堆遗址平面图

金面具

K5 ：3
商后期（公元前 1300—前 1100 年）
宽约 23、高约 28 厘米
四川广汉三星堆遗址器物坑出土
四川省文物考古研究院藏

残，整体瘦长。眼部呈半月状，上缘近平直。脸部有一道半弧形凸起褶皱。尖鼻，呈立体三角形。口部呈长条状，中镂空。下颌向外突出，呈窄条带状，与口部平行。耳部较长，外廓转角圆钝，耳内有勾卷状纹饰，耳垂有圆形穿孔。

目前三星堆所见金面具的基本形态属于同类，差异主要在于尺寸。这件金面具是迄今三星堆发现尺寸最大的金面具，也是目前中国商周时期所见尺寸最大、最为厚重的金面具。推测是覆于青铜头像上使用。

铜人面具

K3QW ： 27
商后期（公元前 1300—前 1100 年）
长 43.5、宽 28、高 25 厘米
四川广汉三星堆遗址器物坑出土
四川省文物考古研究院藏

面方形，宽颐，广额，长眉，直鼻，阔嘴，嘴角下勾。长耳，耳廓较宽，作勾云状，两侧耳垂各有一孔，一孔未穿透。面颊的上、下及额正中各有一方孔。

铜人面具

K3QW ： 894
商后期（公元前 1300—前 1100 年）
长 43.5、宽 24.8、高 24.8 厘米
四川广汉三星堆遗址器物坑出土
四川省文物考古研究院藏

面方形，宽颐，广额，长眉，直鼻，阔嘴，嘴角下勾。长耳，耳廓较宽，作勾云状，耳垂各有一圆孔。面颊的上、下及额正中有一方孔，左下方孔不规整。

铜人面具

K3QW ： 12
商后期（公元前 1300—前 1100 年）
长 16.6、宽 15、高 15.5 厘米
四川广汉三星堆遗址器物坑出土
四川省文物考古研究院藏

面形瘦长，粗长眉，高鼻，眼尾上吊，阔口。耳中空，耳垂有一圆孔。面颊左侧向内折卷。

铜人头像

K3QW ： 29
商后期（公元前 1300—前 1100 年）
长 18、宽 16.5、高 34 厘米
四川广汉三星堆遗址器物坑出土
四川省文物考古研究院藏

平头顶，粗长眉，高鼻，吊眼尾，鼻尖稍勾，阔口，狭长脸。竖长耳，耳廓作勾云状，耳垂穿孔。颈上细下粗，颈部下端前后均铸成倒三角形。

铜人头像

K8⑨：1051
商后期（公元前1300—前1100年）
长46、宽22厘米
四川广汉三星堆遗址器物坑出土
四川省文物考古研究院藏

圆顶，长眉，高鼻，阔口，长耳，狭长脸。颈上细下粗，前短后长，前部近似倒三角形，后端残。头顶正中有一小孔，脑后有一大方孔。

铜人头像

K8 ⑨： 315
商后期（公元前 1300—前 1100 年）
高 26、面阔 16.5、宽 27、深 24.5 厘米
四川广汉三星堆遗址器物坑出土
四川省文物考古研究院藏

平顶，阔眉，杏眼，颧骨低平，高鼻梁，大嘴。竖长耳斜直，耳廓作勾云状，两侧耳垂各有一孔，一孔未穿透。

铜圆尊

K2 ：79
商后期（公元前 1300—前 1100 年）
口径 41、肩径 29、底径 24、高 45 厘米
四川广汉三星堆遗址器物坑出土
四川广汉三星堆博物馆藏

圆形大敞口，束颈，折肩，扁腹，近底处弧形内收，高圈足。颈部饰有三道凸弦纹，肩部有牺首和扁身立鸟，腹部与圈足表面各刻兽面纹，各有三条扉棱用以隔开三组兽面纹，兽面正中有一浅凸棱。

三星堆遗址出土的青铜礼器以尊、罍为主，未见中原地区常见的鼎、簋、觚、爵、斝等礼器，表明古蜀先民在借鉴中原礼器时具有选择性。三星堆青铜尊、罍以兽面纹、夔龙纹、云雷纹等装饰为主，肩部有牛头、羊头、鸟等造型。

铜圆口方尊

K3QW ： 11-2
商后期（公元前 1300—前 1100 年）
口径 45、高 50 厘米
四川广汉三星堆遗址器物坑出土
四川省文物考古研究院藏

变形严重。圆形大敞口，方唇，束颈，折肩，腹部扁方，方形高足。颈部饰三周凸弦纹，肩部饰有扁身立鸟，四肩中部各有一双角牺首，腹部四角棱部饰以对称的带冠大鸟纹浮雕，腹部与方足表面各刻兽面纹，兽面纹的眼睛等部位以乳钉装饰，方足的兽面纹正中有一浅凸棱。

铜小立人像

K3QW ： 100
商后期（公元前 1300—前 1100 年）
肩宽 4.2、足长 3.7、高 19.3 厘米
四川广汉三星堆遗址器物坑出土
四川省文物考古研究院藏

头戴尖脊帽，弧形尖脊前端与额头平齐，中部两侧各有一对穿孔，粗眉，三角斜眼，高鼻，大口，口部以两道窄凹槽表现，长方耳，耳上各有三个小圆孔，中间小孔未透，头后有“U”形轮廓，发式为“笄发”。粗颈，窄肩，双臂呈“作揖”状，双手对握，中有圆孔，原似应持物。躯干挺立，双脚略微分开，直立，跣足，足底有孔，似为固定之用。上身着长素衣，似左衽，腰间系带，于身前腹部打结，下身穿短裙，裙摆盖膝，上衣背部和短裙均有多道纵向折痕。

铜握鸟人像

K3QW ：13-10
商后期（公元前 1300—前 1100 年）
人像：高 23、宽 11.5、厚 8.5 厘米；底座：高 4.5、宽 3.7、长 5 厘米
四川广汉三星堆遗址器物坑出土
四川省文物考古研究院藏

立人平顶，粗眉大眼，鼻梁突出，阔嘴，嘴角下勾，方颐大耳，两耳垂下各穿一孔，颈细长，左臂平举，与胸平齐，右手在其下，双手环握神鸟，着鸡心领左衽长襟衣，身体站立于方形底座上，神态严肃。

鸟在古蜀信仰中占据重要地位，三星堆青铜器中有大量鸟的形象，它们或是祖先的化身，或是太阳的象征，或是沟通人神的使者。

铜虎

K8⑨：692
商后期（公元前 1300—前 1100 年）
长 34.5、宽 15.5、高 32 厘米
四川广汉三星堆遗址器物坑出土
四川省文物考古研究院藏

长耳，露出獠牙，以前爪为支撑，高高翘起后爪，长虎尾形似鸟类翅膀。造型生动活泼。

玉牙璋

K8 填土⑥：8
商后期（公元前 1300—前 1100 年）
长 20、宽 4 厘米
四川广汉三星堆遗址器物坑出土
四川省文物考古研究院藏

器形较小，射端呈“V”形，身较长而窄，阑部装饰扉牙，器表无纹饰，邸略窄，近长方形，末端平直。

玉牙璋的发现是三星堆遗址与中原地区文化交流互动的重要见证之一。三星堆先民接纳了诸多来自中原和其他地区的文明成果，如以铜牌饰、铜铃、陶盉、玉璋、玉戈等为代表的器物群有二里头的文化因素，以青铜尊、罍等为代表的器物群有商文化因素，玉琮、玉锥形器等为代表的器物群有良渚文化因素……这不仅为典籍中关于夏与蜀有共同先世的记载提供了线索，亦深刻揭示了三星堆遗址与中原文化、长江中下游文化等相互渗透融合之史实，昭示了中华文明起源的多样性，是中华文明多元一体发展的重要证据。

参考文献

陈凯：《肖家屋脊文化玉器研究》，山东大学硕士学位论文，2022 年。

陈明辉、朱叶菲等：《杭州市余杭区良渚古城姜家山墓地发掘简报》，《考古》2021 年第 6 期。

陈玉涵：《石家河文化墓葬出土玉器研究》，吉林大学硕士学位论文，2020 年。

崔春鹏、戴向明、田伟等：《夏及早商时期晋南地区的冶铜技术——以山西绛县西吴壁遗址为例》，《考古》2022 年第 7 期。

戴向明：《考古学视野下的中华文明起源与早期发展》，《历史研究》2022 年第 1 期。

戴向明、田伟、汤毓赟等：《山西绛县西吴壁遗 2018—2019 年发掘简报》，《考古》2020 年第 7 期。

董志浩：《岳石文化陶器制作工艺研究》，山东大学硕士学位论文，2021 年。

范宪军、吴瑞静等：《湖南澧县鸡叫城聚落群调查、勘探与试掘》，《考古》2023 年第 5 期。

范晓佩、陶洋等：《湖北沙洋县城河遗址王家塝墓地 2017—2018 年发掘简报》，《考古》2020 年第 6 期。

方勤、赵阳等：《天门石家河城址及水利系统的考古收获》，《江汉考古》2023 年第 1 期。

高天麟、李健民：《山西襄汾县大柴遗址发掘简报》，《考古》1987 年第 7 期。

郭云菁：《龙山文化蛋壳陶探析》，《收藏家》2022 年第 8 期。

国家文物局：《考古中国重大项目成果（2018—2020）》，文物出版社，2021 年。

国家文物局：《考古中国重大项目成果（2021）》，文物出版社，2022 年。

国家文物局：《考古中国重大项目成果（2022）》，文物出版社，2023 年。

韩建业：《中国北方早期石城兴起的历史背景——涿鹿之战再探索》，《考古与文物》2022 年第 2 期。

何德亮：《山东史前乐器初探》，《中原文物》2003 年第 4 期。

河南省文物考古研究所：《禹州瓦店》，世界图书出版公司北京公司，2004 年。

河南省文物考古研究院、山东省文物考古研究院等：《黄淮七省考古新发现（2018 年）》，大象出版社，2020 年。

湖北省文物考古研究所、北京大学考古学系、湖北省荆州博物馆：《邓家湾：天门石家河考古报告之二》，文物出版社，2003 年。

雷兴山、王洋、冉宏林：《三星堆与上古中国的青铜礼制》，《中国社会科学》2023 年第 1 期。

雷雨、黎海超、李玉牛等:《三星堆遗址祭祀区五号坑出土金面具》,《四川文物》2022 年第 2 期。

李伯谦:《中国出土青铜器全集 · 9 · 河南》,龙门书局,2018 年。

李曼、黄富成、吴倩等:《郑州商城书院街商代贵族墓地 2 号墓出土金属器科技分析》,《中原文物》2023 年第 2 期。

李曼、吴倩、黄富成等:《郑州商城书院街商代贵族墓地 2 号墓出土玉器科技分析》,《中原文物》2023 年第 2 期。

刘辉:《长江中游史前城址的聚落结构与社会形态》,《江汉考古》2017 年第 5 期。

刘建国:《江汉平原史前人地关系研究》,《南方文物》2022 年第 6 期。

刘心健、杨佃旭:《山东临沂大范庄新石器时代墓葬的发掘》,《考古》1975 年第 1 期。

陆青玉、王芬等:《丁公及周边遗址龙山文化白陶的岩相和化学成分分析》,《考古》2019 年第 10 期。

栾丰实:《栾丰实考古文集》,文物出版社,2017 年。

栾丰实:《试论陕北和晋南的龙山时代玉器——以石峁、碧村和陶寺为例》,《中原文物》2021 年第 2 期。

栾丰实、袁波文:《花厅墓地玉器再认识——兼论中国史前时期海岱系玉器文化的形成》,《东南文化》2020 年第 3 期。

梅圆圆、张强等:《山东滕州市西孟庄龙山文化遗址》,《考古》2020 年第 7 期。

孟华平、刘辉、向其芳等:《湖北天门市石家河遗址 2014—2016 年的勘探与发掘》,《考古》2017 年第 7 期。

牛世山:《河南安阳市殷墟商王陵区及周边遗存》,《考古》2023 年第 7 期。

彭小军:《长江中游史前石钺的功能和社会意义》,《南方文物》2020 年第 5 期。

彭小军:《屈家岭文化扣碗与扣豆分析》,《中原文物》2022 年第 3 期。

彭小军、范晓佩等:《湖北沙洋县城河新石器时代遗址王家塝墓地》,《考古》2019 年第 7 期。

秦岭:《龙山文化玉器和龙山时代》,《考古学研究(十五)》,文物出版社,2022 年。

冉宏林、雷雨、赵昊等:《四川广汉市三星堆遗址祭祀区》,《考古》2022 年第 7 期。

山东省博物馆东海峪发掘小组、日照县文化馆东海峪发掘小组:《一九七五年东海峪遗址的发掘》,《考古》1976 年第 6 期。

山东博物馆、良渚博物院:《玉润东方:大汶口—龙山 · 良渚玉器文化展》,文物出版社,2014 年。

山西省文物局、中国社会科学院考古研究所:《中国文明起源陶寺模式十人谈》,科学出版社,2022 年。

邵会秋、张文珊:《圆铜泡功能考》,《边疆考古研究》第 28 辑,科学出版社,2021 年。

邵晶、裴学松、邸楠等:《陕西府谷寨山遗址庙墕地点居址发掘简报》,《文博》2021 年第 5 期。

邵晶、裴学松、邸楠等:《陕西府谷寨山遗址庙墕地点墓地发掘简报》,《考古与文物》2022 年第 2 期。

四川省文物考古研究所:《三星堆祭祀坑》,文物出版社,1999 年。

四川省文物考古研究院等:《三星堆出土文物全记录》,天地出版社,2009 年。

宿凯、靳桂云、吴卫红:《凌家滩遗址外壕沟沉积物反映的土地利用变化—土壤微形态研究案例》,《南方文物》2020 年第 3 期。

孙波:《聚落考古与龙山文化社会形态》,《中国社会科学》2020 年第 2 期。

孙波、高明奎:《桐林遗址龙山文化时期聚落与社会之观察》,《东方考古》第 9 集,科学出版社,2012 年。

孙周勇:《陕西神木石峁遗址出土口簧研究》,《文物》2020 年第 1 期。

孙周勇、邵晶:《石峁遗址皇城台大台基出土石雕研究》,《考古与文物》2020 年第 4 期。

孙周勇、邵晶等:《陕西神木市石峁遗址皇城台大台基遗迹》,《考古》2020 年第 7 期。

孙周勇、邵晶、邸楠:《石峁遗址的考古发现与研究综述》,《中原文物》2020 年第 1 期。

唐仲明、王芬等:《济南市章丘区焦家遗址 2016—2017 年聚落调查与发掘简报》,《考古》2019 年第 12 期。

田伟、孙慧琴、张开亮等:《山西绛县西吴壁遗址商代墓地 2022 年发掘简报》,《中国国家博物馆馆刊》2023 年第 6 期。

王芬、宋艳波:《济南市章丘区焦家遗址 2016—2017 年大型墓葬发掘简报》,《考古》2019 年第 12 期。

王劲:《浅议石家河文化陶塑艺术》,《华夏考古》2011 年第 4 期。

王良智:《湖南华容县七星墩遗址 2019—2020 年发掘简报》,《考古》2022 年第 6 期。

王天艺:《从彩绘陶器看陶寺文化的丧葬与社会》,《考古学集刊》第 24 集,社会科学文献出版社,2021 年。

王巍:《中国考古学大辞典》,上海辞书出版社,2014 年。

王巍:《百年考古与中华文明之源》,《社会科学文摘》2022 年第 6 期。

王巍、赵辉:《“中华文明探源工程”及其主要收获》,《中国史研究》2022 年第 4 期。

王晓毅、海金乐、张光辉等:《2015 年山西兴县碧村遗址发掘简报》,《考古与文物》2016 年第 4 期。

王晓毅、王小娟、张光辉等:《2016 年山西兴县碧村遗址发掘简报》,《中原文物》2017 年第 6 期。

王晓毅、王小娟、张光辉等:《山西兴县碧村遗址小玉梁台地西北部发掘简报》,《考古与文物》2022 年第 2 期。

王晓毅、严志斌:《陶寺中期墓地被盗墓葬抢救性发掘纪要》,《中原文物》2006 年第 5 期。

王晓毅、张光辉:《兴县碧村龙山时代遗存初探》,《考古与文物》2016 年第 4 期。

徐昭峰、王凯凯:《史前海岱地区大口尊传播路径研究》,《中原文化研究》2021 年第 6 期。

闫凯凯、赵晔等:《杭州市余杭区良渚古城钟家港南段 2016 年的发掘》,《考古》2023 年第 1 期。

燕生东:《“夷夏东西”格局下的岳石文化》,《海岱学刊》2016 年第 2 期。

张海:《中原核心区文明起源研究》,上海古籍出版社,2021 年。

赵海涛、许宏:《中华文明总进程的核心与引领者:二里头文化的历史位置》,《南方文物》2019 年第 2 期。

赵辉:《“古国时代”》,《华夏考古》2020 年第 6 期。

赵辉:《谈谈“古国时代”》,《文物天地》2021 年第 9 期。

赵亚锋、周华:《湖南澧县孙家岗遗址墓地 2016—2018 年发掘简报》,《考古》2020 年第 6 期。

赵亚锋、周华、罗斯奇等:《湖南澧县孙家岗遗址 2016 年发掘简报》,《江汉考古》2018 年第 3 期。

赵永生、朱超、孙波:《章丘城子崖遗址 H393 出土人骨的鉴定与分析》,《东方考古》第 14 集,科学出版社,2017 年。

浙江省文物考古研究所、北京大学考古文博学院等:《权力与信仰——良渚遗址群考古特展》,文物出版社,2015 年。

郑元日、封剑平:《澧县孙家岗新石器时代墓群发掘简报》,《文物》2000 年第 12 期。

中国社会科学院考古研究所:《二里头(1999—2006)》,文物出版社,2014 年。

中国社会科学院考古研究所、山西省临汾市文物局:《襄汾陶寺 1978—1985 年考古发掘报告》,文物出版社,2015 年。

朱超:《试谈城子崖龙山至岳石城址防御设施的演变》,《南方文物》2020 年第 5 期。

朱超、孙波等:《济南市章丘区城子崖遗址 2013—2015 年发掘简报》,《考古》2019 年第 4 期。

朱超、张强等:《山东滕州市岗上遗址南区大汶口文化墓地》,《考古》2023 年第 5 期。

朱乃诚:《屈家岭文化的文化成就及在中国文明起源中的地位与作用》,《考古学集刊》第 20 集,社会科学出版社,2017 年。

朱叶菲、王永磊等:《浙江德清县中初鸣良渚文化制玉作坊遗址群的发掘》,《考古》2021 年第 6 期。

[英]科林·伦福儒、保罗·巴恩著,陈淳、董宁宁、薛轶宁、郭璐莎译:《考古学:理论、方法与实践》(第 8 版),上海古籍出版社,2022 年。

后记

山东省文物考古研究院是山东省文化和旅游厅所属正处级公益一类事业单位，主要承担全省地下文物的调查、勘探、发掘、保护、研究等工作，承担全省石窟寺保护、研究、利用工作，承担考古成果的阐释、传播等工作，承担考古科学展示宣传教育等工作。“中华文明起源与早期发展——考古中国重大项目研究成果展”是我院落实对中华优秀传统文化创造性转化与创新性发展方针的重要实践。这是我院承办的第三个原创性展览，也是第一次独立策展。

这次展览不同于其他精品陈列展，更注重考古发现所构建的历史脉络的呈现，引领观众走进历史的长卷。为更好地诠释本图录收集文物的重要价值和文化内涵，在编排上采用了以文物为主，辅以少量考古发现和研究成果内容的形式。需要说明的是，图录编撰过程中参考了大量文献，将一并附于文末，不在正文中一一注明。2023 年 12 月 9 日，国家文物局新闻发布会发布了“中华文明起源与早期发展综合研究”暨“中华文明探源工程”最新成果，其中古国时代第二阶段（即本展览的古国时代早期阶段）的年代大约为距今 5200—4300 年。为与展览保持一致，本图录年代未做修改，仍沿用较早成果。

本次展览得到了各级文物部门的大力支持。国家文物局全程进行了指导，提供了大量照片、视频、文字资料，并组织国内著名考古学家、博物馆界专家对展览大纲进行论证，保证了展览的质量。各协办单位的主管单位——各省文化和旅游厅积极协调文物借展事宜，各协办单位（中国社会科学院考古研究所、中国国家博物馆、北京大学考古文博学院、山西省考古研究院、浙江省文物考古研究所、山东大学历史文化学院、河南省文物考古研究院、湖北省文物考古研究院、湖南省文物考古研究院、四川省文物考古研究院、陕西省考古研究院、临汾市博物馆、郑州市文物考古研究院、二里头夏都遗址博物馆、荆门市博物馆、天门市博物馆、四川广汉三星堆博物馆）全力配合文物借展工作，其中浙江省文物考古研究所更是主动提出增加上展文物，保证了展览内容的完整性。因展览的定位是“考古中国”重大项目支持下的新发现、新成果，展出的文物多为新近出土，不少文物的详实资料尚未正式刊布，在这样的背景下，主（承）办单位提议出版展览图录时，相关单位、项目负责人都欣然应允，令人感动。在展览大纲的编写过程中，多位专家对展览提出了宝贵的意见。山东省文化和旅游厅给予了展览全方位的支持，山东博物馆为展览的举办提供了合适的场地等友情协助。在书稿整理出版过程中，编辑团队为图录的最终付梓作出了诸多努力。展览的举办与图录的出版，是所有参与者集体劳动的成果，在此一并致以谢忱！

编者

2023 年 12 月 15 日

图书在版编目（CIP）数据

中华文明起源与早期发展：考古中国重大项目研究成果展 / 山东省文物考古研究院编著．--上海：上海古籍出版社，2024. 10. --ISBN 978-7-5732-1329-7

Ⅰ．K871. 04

中国国家版本馆 CIP 数据核字第 2024SS9974 号

中华文明起源与早期发展

考古中国重大项目研究成果展

山东省文物考古研究院　编著

上海古籍出版社出版发行

（上海市闵行区号景路 159 弄 1-5 号 A 座 5F　邮政编码 201101）

（1）网址：www.guji.com.cn

（2）E-mail: guji1@ guji.com.cn

（3）易文网网址：www.ewen.co

上海雅昌艺术印刷有限公司印刷

开本 889 × 1194　1/16　印张 19　插页 4

2024 年 10 月第 1 版　2024 年 10 月第 1 次印刷

ISBN 978-7-5732-1329-7

K·3695　定价：280.00 元

如有质量问题，请与承印公司联系